PRENTICE H...

Realidades

Computer Test Bank:
Test Generator
ExamView© Pro 3.6

Macintosh© and Windows©

PEARSON

Prentice
Hall

Needham, Massachusetts
Upper Saddle River, New Jersey

4 5 6 7 8 9 10   05 04
ISBN 0-13-035982-3

Para empezar

True/False
Indicate whether the sentence or statement is true or false.

_____ 1. In Spanish the terms used to address adults are *señor, señora,* and *señorita,* abbreviated *Sr., Sra.,* and *Srta.*

_____ 2. There are two ways to say "you" in Spanish when you are talking to one person: *tú* and *usted.*

_____ 3. The ancient Aztecs of Mexico kept track of time using a huge carved stone calendar known as the Sun Stone.

_____ 4. Hace frío en el verano.

_____ 5. Hay treinta días en febrero.

_____ 6. Hay siete días en una semana.

_____ 7. Nieva en el invierno.

_____ 8. Los meses de la primavera son marzo, abril y mayo.

_____ 9. When it's summer in the northern hemisphere it's winter in the southern hemisphere.

_____ 10. En la cabeza hay ojos, una nariz y una mano.

Multiple Choice
Identify the letter of the choice that best completes the statement or answers the question.

_____ 11. —Buenos días, Sr. Rodríguez.
—_____
    a. Mucho gusto.   c. Encantada.
    b. Me llamo Carla.   d. ¡Buenos días!

_____ 12. —Buenas noches, Miguel. ¿Qué pasa?
—_____
    a. ¡Buenas tardes, señora!   c. ¿Cómo te llamas?
    b. Nada.   d. Encantada.

_____ 13. —¿Cómo te llamas?
—Me llamo Graciela. _____
—Me llamo Lorenzo.
    a. ¿Y tú?   c. ¿Qué pasa?
    b. Adiós.   d. ¿Qué tal?

_____ 14. —¡Buenas tardes, señor!
—Buenas tardes, Alicia. ¿Cómo estás?
—Muy bien. ¿_____?
a. Y tú
b. ¡Buenos días, señor!
c. Y usted
d. ¡Buenas noches, señor!

_____ 15. —¿Cómo te llamas?
—_____
a. ¡Hola!
b. Me llamo Catalina.
c. Te llamas Jorge.
d. Igualmente.

_____ 16. —Me llamo Lorenzo.
—_____
—Igualmente.
a. Bien, gracias.
b. Me llamo.
c. Mucho gusto.
d. ¡Hola!

_____ 17. —¿_____?
—Me llamo Felipe.
a. Cómo te llamas
b. Me llamo
c. Cómo estás
d. Hola

_____ 18. —¿Cómo estás?
—_____
a. ¡Hola!
b. Me llamo Jorge.
c. Bien, gracias.
d. Adiós.

_____ 19. —¿Cómo está _____, Sr. Ruiz?
—Muy bien, gracias.
a. Igualmente
b. Encantado
c. Ud.
d. y usted

_____ 20. —Hasta luego, Pepe.
—_____
a. ¡Hola!
b. ¡Buenos días!
c. Nada.
d. Nos vemos.

_____ 21. —¿Qué hora es?
—Es la _____.
a. dos
b. una
c. cinco
d. once

_____ 22. —¿_____?
—Son las dos.
a. Cuál es la fecha
b. Cómo te llamas
c. Qué día es hoy
d. Qué hora es

_____ 23. Which expression means the same as this one: Son las siete menos veinte?
a. Son las siete y veinte.
b. Son las ocho y veinte.
c. Son las seis y cuarenta.
d. Son las siete y cuarenta.

© Pearson Education, Inc.

_____ 24. Which one is not a classroom command?
a. ¡Levántense!
b. ¡Saquen sus papeles!
c. ¡Entreguen sus papeles!
d. ¡Encantado!

_____ 25. —¿Qué quiere decir *lápiz*?
—Quiere decir _____.
a. pen
b. pencil
c. folder
d. desk

_____ 26. Which is not a school supply?
a. el libro
b. el lápiz
c. el brazo
d. la hoja de papel

_____ 27. Which is not a part of the body?
a. el brazo
b. el pupitre
c. el pie
d. la pierna

_____ 28. Which word is feminine?
a. brazo
b. pupitre
c. cuaderno
d. carpeta

_____ 29. Hoy es _____. Mañana es _____.
a. lunes / jueves
b. lunes / martes
c. miércoles / sábado
d. sábado / lunes

_____ 30. ¿Cuántos días hay en una semana?
a. veintiuno
b. siete
c. treinta o treinta y uno
d. cinco

_____ 31. —¿Cómo se dice *book* en español?
—_____ libro.
a. Se dice
b. Quiere decir
c. Me llamo
d. Se escribe

_____ 32. —¿Cómo se escribe *libro*?
—Se escribe _____.
a. ele-i-ve-ere-o
b. ele-i-be-ere-o
c. ele-ele-i-be-ere-o
d. ele-i-doble ve-erre-o

_____ 33. ¿Cuál no es un mes del año?
a. mayo
b. enero
c. agosto
d. jueves

_____ 34. —_____
—Es el veinte de diciembre.
a. ¿Qué hora es?
b. ¿Cómo se escribe *fecha*?
c. ¿Cómo te llamas?
d. ¿Cuál es la fecha?

_____ 35. . . . junio, _____, agosto, septiembre . . .
a. julio
b. mayo
c. octubre
d. abril

Short Answer

36. ¿Cómo te llamas?

37. Which do you use to ask your teacher how he or she is: *¿Cómo estás?* or *¿Cómo está usted?*

38. ¿Cuál es la fecha de hoy?

39. ¿Qué día es hoy?

40. ¿Cuántos días hay en este mes?

41. Hace _____ en enero y febrero.

Essay

On a separate sheet of paper, write an answer to the following questions.

42. Supply the missing parts of the following dialogue:

¡Hola! _____.
Me llamo Alonso. ¿Y tú?

_____.

¿Cómo estás?
_____. Adiós.

_____.

Para empezar
Answer Section

TRUE/FALSE

1.	ANS:	T	OBJ:	To learn to address people correctly
2.	ANS:	T	OBJ:	To learn to address people correctly
3.	ANS.	T	OBJ:	To learn about the Aztecs' calendar system
4.	ANS:	F	OBJ:	To describe weather conditions
5.	ANS:	F	OBJ:	To talk about things related to the calendar
6.	ANS:	T	OBJ:	To talk about things related to the calendar
7.	ANS:	T	OBJ:	To identify the seasons
8.	ANS:	T	OBJ:	To identify the seasons
9.	ANS:	T	OBJ:	To compare weather in northern and southern hemispheres
10.	ANS:	F	OBJ:	To identify parts of the body

MULTIPLE CHOICE

11.	ANS:	D	OBJ:	To greet people at different times of the day
12.	ANS:	B	OBJ:	To greet people at different times of the day
13.	ANS:	A	OBJ:	To greet people at different times of the day
14.	ANS:	C	OBJ:	To greet people at different times of the day
15.	ANS:	B	OBJ:	To introduce yourself to others
16.	ANS:	C	OBJ:	To introduce yourself to others
17.	ANS:	A	OBJ:	To introduce yourself to others
18.	ANS:	C	OBJ:	To introduce yourself to others
19.	ANS:	C	OBJ:	To greet people at different times of the day
20.	ANS:	D	OBJ:	To greet people at different times of the day
21.	ANS:	B	OBJ:	To tell time
22.	ANS:	D	OBJ:	To tell time
23.	ANS:	C	OBJ:	To tell time
24.	ANS:	D	OBJ:	To respond to classroom directions
25.	ANS:	B	OBJ:	To talk about things in the classroom
26.	ANS:	C	OBJ:	To talk about things in the classroom
27.	ANS:	B	OBJ:	To identify parts of the body
28.	ANS:	D	OBJ:	To talk about things in the classroom
29.	ANS:	B	OBJ:	To talk about things related to the calendar
30.	ANS:	B	OBJ:	To talk about things related to the calendar
31.	ANS:	A	OBJ:	To ask questions about new words and phrases
32.	ANS:	B	OBJ:	To use the Spanish alphabet to spell words
33.	ANS:	D	OBJ:	To talk about things related to the calendar
34.	ANS:	D	OBJ:	To talk about things related to the calendar
35.	ANS:	A	OBJ:	To talk about things related to the calendar

SHORT ANSWER

36. ANS:
    Answers will vary.

    OBJ: To introduce yourself to others

37. ANS:
    ¿Cómo está usted?

    OBJ: To greet people at different times of the day

38. ANS:
    Answers will vary.

    OBJ: To talk about things related to the calendar

39. ANS:
    Answers will vary.

    OBJ: To talk about things related to the calendar

40. ANS:
    Answers will vary but should be either *treinta* or *treinta y uno*.

    OBJ: To learn the numbers

41. ANS:
    frío

    OBJ: To describe weather conditions

ESSAY

42. ANS:
    ¿Cómo te llamas?
    Me llamo . . .
    Muy bien, gracias.
    Adiós / Nos vemos / Hasta luego / Hasta mañana.

    OBJ: To introduce yourself to others

Capítulo 1A—¿Qué te gusta hacer?

True/False
Indicate whether the sentence or statement is true or false.

_____ 1. An infinitive in English usually starts with the word "to."

_____ 2. In Spanish an infinitive is a verb form that ends in the letter -*ar*, -*er*, or -*ir*.

_____ 3. The merengue, the tango, the flamenco, and the mambo are dances popular in different Spanish-speaking countries.

_____ 4. Teenagers in Spanish-speaking countries like to do pretty much the same things you and your friends like to do--dance, play sports, and listen to music.

_____ 5. Spanish is closely related to Latin, the language of the ancient Roman empire.

_____ 6. When you answer a question negatively in Spanish you usually use the word *no* twice.

_____ 7. Although the Spanish word *nada* means "nothing" in the expression *No me gusta nada*, it means "not at all."

_____ 8. In Spanish, there are only two different types of infinitives.

_____ 9. The following words are all Spanish infinitives: *bailar, leer, escribir, gusta.*

_____ 10. En el verano me gusta mucho esquiar.

Multiple Choice
Identify the letter of the choice that best completes the statement or answers the question.

_____ 11. Which is NOT an infinitive?
    a. cantar   c. escribir
    b. correr   d. gusta

_____ 12. —¿Te gusta correr?
    —No, no me gusta _____.
    a. también   c. tampoco
    b. nada   d. más

_____ 13. —Me gusta practicar deportes.
    —A mí también. Me gusta _____.
    a. esquiar   c. ver la tele
    b. leer   d. jugar videojuegos

____ 14. Spanish is most closely related to which one of the following ancient languages?
    a. Arabic
    c. Egyptian
    b. Greek
    d. Latin

____ 15. —¿Qué te gusta hacer?
    —_____ gusta cantar y tocar la guitarra.
    a. Me
    c. Te
    b. No
    d. Sí

____ 16. Which of the following words is not a cognate?
    a. popular
    c. computadora
    b. deportes
    d. guitarra

____ 17. ¿Qué te gusta más, escuchar música _____ leer?
    a. no
    c. o
    b. ni
    d. y

____ 18. A mí me gusta dibujar. ¿Y a ti?
    a. A mí tampoco.
    c. A ti tampoco.
    b. A mí también.
    d. A ti te gusta.

____ 19. —¿Te gusta usar la computadora?
    —Sí, me gusta _____.
    a. más
    c. mucho
    b. tampoco
    d. nada

____ 20. ¿Qué te gusta más, esquiar o nadar?
    a. A mí me gusta mucho.
    c. A ti te gusta también.
    b. No me gusta ni esquiar ni nadar.
    d. A mí también.

____ 21. ¿Te gusta usar la computadora?
    a. Sí, me gusta practicar deportes.
    c. No, me gusta practicar deportes.
    b. A mí también.
    d. A mí tampoco.

____ 22. Which of the following is not a popular Latin dance?
    a. waltz
    c. tango
    b. mambo
    d. merengue

____ 23. —¿Te gusta correr?
    —No, no me gusta _____.
    a. practicar deportes
    c. tocar la guitarra
    b. dibujar
    d. cantar

____ 24. —¿Qué te gusta hacer?
    —_____ gusta bailar y pasar tiempo con mis amigos.
    a. Te
    c. A mí
    b. Me
    d. A ti

____ 25. ¿Qué te gusta _____, leer o hablar por teléfono?
    a. también
    c. no
    b. tampoco
    d. más

____ 26. —Me gusta esquiar. ¿Y a ti?
　　　 —A mí _____.
　　　　a. tampoco　　　　　　　　　　c. mucho
　　　　b. también　　　　　　　　　　d. más

____ 27. —¿Te gusta usar la computadora?
　　　 —Sí, me gusta _____.
　　　　a. cantar　　　　　　　　　　　c. escribir cuentos
　　　　b. bailar　　　　　　　　　　　d. nadar

____ 28. A mí _____ me gusta ir a la escuela.
　　　　a. nada　　　　　　　　　　　　c. pues
　　　　b. ni　　　　　　　　　　　　　d. no

____ 29. No, _____ me gusta tampoco.
　　　　a. ni　　　　　　　　　　　　　c. te
　　　　b. no　　　　　　　　　　　　　d. sí

____ 30. A mí me gusta leer. ¿Y a _____?
　　　　a. tú　　　　　　　　　　　　　c. ti
　　　　b. mí　　　　　　　　　　　　　d. tu

____ 31. ¿No te gusta bailar? ¡_____ me gusta mucho!
　　　　a. A ti　　　　　　　　　　　　c. También
　　　　b. A mí　　　　　　　　　　　　d. Tampoco

____ 32. ¿Te gusta _____ leer revistas o jugar videojuegos?
　　　　a. muy　　　　　　　　　　　　c. más
　　　　b. nada　　　　　　　　　　　　d. ni

____ 33. ¿En qué estación te gusta esquiar?
　　　　a. En el verano.　　　　　　　　c. En la computadora.
　　　　b. En el invierno.　　　　　　　d. En la escuela.

____ 34. ¿Qué te gusta hacer en el verano?
　　　　a. Me gusta esquiar.　　　　　　c. Me gusta nadar.
　　　　b. No me gusta nada.　　　　　　d. Sí, me gusta.

____ 35. ¿Qué te gusta hacer?
　　　　a. A mí también.　　　　　　　　c. No me gusta tampoco.
　　　　b. No, no me gusta.　　　　　　　d. Me gusta montar en monopatín.

Short Answer

36. Find 4 cognates in the following dialogue.
　　　—Me gusta mucho usar la computadora y practicar deportes. Y a ti, ¿qué te gusta?
　　　—A mí me gusta mucho escuchar música y tocar la guitarra.

37. Me gusta ir a la escuela. ¿Y a ti?

38. Name a typical dance of Latin America or Spain and tell what country it is from.

39. ¿Qué te gusta hacer en el verano?

40. ¿Qué no te gusta nada?

Essay
On a separate sheet of paper, write an answer to the following questions.

41. Write a dialogue between you and a friend. Greet the friend and ask what he or she likes. Write an answer. Then the friend asks you what you like. Write your answer. The friend either likes or dislikes some of the same things you like or dislike and comments on it. You both say good-bye or see you later.

Capítulo 1A—¿Qué te gusta hacer?
Answer Section

TRUE/FALSE

1.	ANS:	T	OBJ:	To demonstrate understanding of grammar and language
2.	ANS:	T	OBJ:	To demonstrate understanding of infinitives in Spanish
3.	ANS:	T	OBJ:	To understand cultural perspectives on favorite activities
4.	ANS:	T	OBJ:	To understand cultural perspectives on favorite activities
5.	ANS:	T	OBJ:	To understand cultural perspectives on favorite activities
6.	ANS:	T	OBJ:	To talk about activities you like and don't like to do
7.	ANS:	T	OBJ:	To talk about activities you don't like to do
8.	ANS:	F	OBJ:	To talk about activities you like and don't like to do
9.	ANS:	F	OBJ:	To talk about activities you like and don't like to do
10.	ANS:	F	OBJ:	To talk about activities you like and don't like to do

MULTIPLE CHOICE

11.	ANS:	D	OBJ:	To talk about activities you like and don't like to do
12.	ANS:	B	OBJ:	To talk about likes and dislikes
13.	ANS:	A	OBJ:	To talk about likes and dislikes
14.	ANS:	D	OBJ:	To talk about culture
15.	ANS:	A	OBJ:	To talk about likes and dislikes
16.	ANS:	B	OBJ:	To recognize cognates
17.	ANS:	C	OBJ:	To ask about two choices
18.	ANS:	B	OBJ:	To talk about agreement or disagreement
19.	ANS:	C	OBJ:	To ask others what they like to do
20.	ANS:	B	OBJ:	To ask others what they like to do
21.	ANS:	C	OBJ:	To talk about activities you like and don't like to do
22.	ANS:	A	OBJ:	To understand cultural perspectives on favorite activities
23.	ANS:	A	OBJ:	To talk about activities you like and don't like to do
24.	ANS:	B	OBJ:	To talk about activities you like and don't like to do
25.	ANS:	D	OBJ:	To talk about activities you like and don't like to do
26.	ANS:	B	OBJ:	To talk about activities you like and don't like to do
27.	ANS:	C	OBJ:	To talk about activities you like and don't like to do
28.	ANS:	D	OBJ:	To talk about activities you like and don't like to do
29.	ANS:	B	OBJ:	To talk about activities you like and don't like to do
30.	ANS:	C	OBJ:	To talk about activities you like and don't like to do
31.	ANS:	B	OBJ:	To talk about activities you like and don't like to do
32.	ANS:	C	OBJ:	To talk about activities you like and don't like to do
33.	ANS:	B	OBJ:	To talk about activities you like and don't like to do
34.	ANS:	C	OBJ:	To talk about activities you like and don't like to do
35.	ANS:	D	OBJ:	To talk about activities you like and don't like to do

SHORT ANSWER

36. ANS:
Answers will vary but may include: *usar, computadora, practicar, música,* and *guitarra.*

OBJ: To talk about activities you like and don't like to do

37. ANS:
A mí también. or *A mí no me gusta (nada).*

OBJ: To talk about activities you like and don't like to do

38. ANS:
Answers will vary but may include: *tango--Argentina, flamenco--Spain, salsa--Puerto Rico, cumbia--Colombia, merengue--República Dominicana, mambo--Cuba*

OBJ: To understand cultural perspectives on favorite activities

39. ANS:
Answers will vary but should begin with: *Me gusta . . .*

OBJ: To talk about activities you like and don't like to do

40. ANS:
Answers will vary but should begin with: *No me gusta nada . . .*

OBJ: To talk about activities you like and don't like to do

ESSAY

41. ANS:
Answers will vary.

OBJ: To talk about activities you like and don't like to do

Capítulo 1B—Y tú, ¿cómo eres?

True/False
Indicate whether the sentence or statement is true or false.

_____ 1. In Spanish, just as in English, adjectives usually come before the noun they describe.

_____ 2. Adjectives in Spanish usually have different masculine and feminine forms.

_____ 3. The adjective *inteligente* is both masculine and feminine.

_____ 4. In Spanish *el* and *la* both mean "the."

_____ 5. The indefinite articles *un* and *una* mean "a" or "an" in English.

_____ 6. Me gusta hablar con mis amigos. Soy un chico sociable.

_____ 7. No me gusta hacer nada. Soy muy trabajador.

_____ 8. Me gusta mucho estudiar. Soy muy perezosa.

_____ 9. Me gusta dibujar. Soy muy artístico.

_____ 10. Me gusta tocar la guitarra y cantar. Soy muy talentosa.

Multiple Choice
Identify the letter of the choice that best completes the statement or answers the question.

_____ 11. ¿Cómo eres?
    a. Soy profesora.
    b. Soy inteligente y trabajadora.
    c. Eres inteligente.
    d. Bien gracias. ¿Y tú?

_____ 12. Soy artístico.
    a. Me gusta correr.
    b. Me gusta hablar por teléfono.
    c. Me gusta dibujar.
    d. Me gusta nadar.

_____ 13. María Elena es una chica _____.
    a. perezoso
    b. trabajador
    c. inteligente
    d. ordenado

_____ 14. Te gusta pasar tiempo con tus amigos y hablar por teléfono. Eres _____.
    a. atrevido
    b. trabajador
    c. paciente
    d. sociable

_____ 15. Me gusta mucho ir a la escuela y leer libros.
    a. Soy estudiosa.
    b. Soy simpática.
    c. Soy desordenada.
    d. Soy talentosa.

_____ 16. Yo soy sociable y paciente. Y tú ¿cómo _____?
    a.   soy
    b.   es
    c.   eres
    d.   se llama

_____ 17. No soy perezoso. Soy _____.
    a.   sociable
    b.   ordenado
    c.   serio
    d.   trabajador

_____ 18. Felipe es serio. No es _____.
    a.   trabajador
    b.   reservado
    c.   ordenado
    d.   gracioso

_____ 19. Me gusta mucho leer libros. Soy _____.
    a.   inteligente
    b.   sociable
    c.   deportista
    d.   desordenado

_____ 20. Te gusta montar en monopatín y esquiar.
    a.   Eres desordenado.
    b.   Eres artístico.
    c.   Eres paciente.
    d.   Eres atrevido.

_____ 21. No me gusta ni pasar tiempo con mis amigos ni hablar por teléfono. Soy _____.
    a.   reservada
    b.   graciosa
    c.   talentosa
    d.   atrevida

_____ 22. Me gusta cantar y tocar la guitarra. Soy _____.
    a.   deportista
    b.   talentosa
    c.   paciente
    d.   seria

_____ 23. —¿_____ artística?
    —Sí, me gusta dibujar.
    a.   Eres
    b.   Soy
    c.   No soy
    d.   Se llama

_____ 24. No soy serio, _____ me gusta leer.
    a.   y también
    b.   pues
    c.   pero
    d.   según

_____ 25. —_____
    —Soy atrevida.
    a.   ¿Cómo eres?
    b.   ¿Cómo te llamas?
    c.   ¿Qué tal?
    d.   ¿Cómo estás?

_____ 26. Véronica es _____.
    a.   perezoso, impaciente y desordenado
    b.   graciosa, sociable y deportista
    c.   serio, paciente y artístico
    d.   trabajador, inteligente y atrevido

_____ 27. Soy ordenado, pero _____ soy desordenado.
    a.   tampoco
    b.   según
    c.   a veces
    d.   muy

____ 28. Me gusta pasar tiempo con Alicia. Es _____.
   a. impaciente
   b. simpática
   c. desordenada
   d. perezosa

____ 29. Soy _____ chico sociable.
   a. un
   b. una
   c. es
   d. uno

____ 30. Paco es un chico _____ simpático.
   a. pero
   b. según
   c. a veces
   d. muy

____ 31. —Me gusta leer libros y estudiar.
   —Eres _____.
   a. paciente
   b. perezosa
   c. estudiosa
   d. atrevida

____ 32. Lola es una chica _____.
   a. simpático
   b. reservado
   c. deportista
   d. bueno

____ 33. Carmen es muy _____.
   a. ordenado
   b. gracioso
   c. atrevido
   d. graciosa

____ 34. Mi amigo es muy _____.
   a. inteligente
   b. simpática
   c. trabajadora
   d. seria

____ 35. _____ chico muy atrevido es Juan.
   a. La
   b. El
   c. Él
   d. Ella

Short Answer

36. Me gusta montar en monopatín. Soy _____.

37. Write a sentence using the following words in the correct order.

   sociable / es / chica / una / Claudia

38. —¿Es Esteban un chico muy talentoso?
   —No, _____.

39. Lupe no es ordenada. Es _____.

40. No me gusta hacer nada. Soy _____.

Essay

On a separate sheet of paper, write an answer to the following questions.

41. You received the following e-mail message from your new pen pal Esteban. Write a message of at least four sentences in response.

Hola. Me llamo Esteban. Soy estudiante en la Escuela San José de Tegucigalpa, Honduras. Me gusta mucho escuchar música y cantar. Soy muy sociable y me gusta pasar tiempo con mis amigos. Y a ti, ¿qué te gusta? ¿Cómo eres?
Tu amigo,
Esteban

© Pearson Education, Inc.

Capítulo 1B—Y tú, ¿cómo eres?
Answer Section

TRUE/FALSE

1.	ANS:	F	OBJ:	To use adjectives to describe people
2.	ANS:	T	OBJ:	To use adjectives to describe people
3.	ANS:	T	OBJ:	To use adjectives to describe people
4.	ANS:	T	OBJ:	To ask and tell what people are like
5.	ANS:	T	OBJ:	To ask and tell what people are like
6.	ANS:	T	OBJ:	To talk about personality traits
7.	ANS:	F	OBJ:	To talk about personality traits
8.	ANS:	F	OBJ:	To talk about personality traits
9.	ANS:	T	OBJ:	To talk about personality traits
10.	ANS:	T	OBJ:	To talk about personality traits

MULTIPLE CHOICE

11.	ANS:	B	OBJ:	To use adjectives to describe people
12.	ANS:	C	OBJ:	To use adjectives to describe people
13.	ANS:	C	OBJ:	To use adjectives to describe people
14.	ANS:	D	OBJ:	To use adjectives to describe people
15.	ANS:	A	OBJ:	To use adjectives to describe people
16.	ANS:	C	OBJ:	To ask and tell what people are like
17.	ANS:	D	OBJ:	To use adjectives to describe people
18.	ANS:	D	OBJ:	To use adjectives to describe people
19.	ANS:	A	OBJ:	To use adjectives to describe people
20.	ANS:	D	OBJ:	To use adjectives to describe people
21.	ANS:	A	OBJ:	To use adjectives to describe people
22.	ANS:	B	OBJ:	To use adjectives to describe people
23.	ANS:	A	OBJ:	To ask and tell what people are like
24.	ANS:	C	OBJ:	To talk about personality traits
25.	ANS:	A	OBJ:	To ask and tell what people are like
26.	ANS:	B	OBJ:	To talk about personality traits
27.	ANS:	C	OBJ:	To talk about personality traits
28.	ANS:	B	OBJ:	To talk about personality traits
29.	ANS:	A	OBJ:	To talk about personality traits
30.	ANS:	D	OBJ:	To talk about personality traits
31.	ANS:	C	OBJ:	To talk about personality traits
32.	ANS:	C	OBJ:	To talk about personality traits
33.	ANS:	D	OBJ:	To talk about personality traits
34.	ANS:	A	OBJ:	To talk about personality traits
35.	ANS:	B	OBJ:	To talk about personality traits

SHORT ANSWER

36. ANS:
atrevido(a) / deportista

OBJ: To use adjectives to describe people and to talk about personality traits

37. ANS:
Claudia es una chica sociable.

OBJ: To use adjectives to describe people

38. ANS:
Answers will vary but should include a negative response.

OBJ: To ask and tell what people are like

39. ANS:
desordenada

OBJ: To use adjectives to describe people and to talk about personality traits

40. ANS:
perezoso(a)

OBJ: To use adjectives to describe people and to talk about personality traits

ESSAY

41. ANS:
Answers will vary.

OBJ: To talk about personality traits

Capítulo 2A—Tu día en la escuela

True/False
Indicate whether the sentence or statement is true or false.

_____ 1. The Spanish words *tú, usted, vosotros, vosotras,* and *ustedes* all mean "you."

_____ 2. In Spanish the subject pronoun *nosotras* refers to a group of all females.

_____ 3. In both Spain and Latin America, the word *vosotros* is used to mean "you" when speaking to more than one person.

_____ 4. In a Spanish-speaking country, if you had a class at 14:00 o'clock, to get there on time you would have to be at school before 7:00 am.

_____ 5. Fans of *fútbol* in Spanish-speaking countries use cheers just as sports fans do in this country.

_____ 6. Usas una computadora en la clase de tecnología.

_____ 7. El almuerzo es una clase.

_____ 8. Necesitas una calculadora para la clase de inglés.

_____ 9. Usamos un diccionario en la clase de inglés y en la clase de español.

_____ 10. Generalmente en la escuela tenemos el almuerzo en la primera hora.

Multiple Choice
Identify the letter of the choice that best completes the statement or answers the question.

_____ 11. ¿Cuál no es una clase?
  a. educación física
  b. inglés
  c. almuerzo
  d. ciencias naturales

_____ 12. Tienes una clase a las 15:00. ¿A qué hora tienes la clase?
  a. 5:00 PM
  b. 5:00 AM
  c. 8:00 AM
  d. 3:00 PM

_____ 13. Para la clase de matemáticas NO necesito _____.
  a. un diccionario
  b. una calculadora
  c. una carpeta
  d. un lápiz

_____ 14. En la clase de educación física nosotros _____.
  a. usamos la computadora
  b. dibujamos
  c. hablamos español
  d. practicamos deportes

_____ 15. En la clase de inglés _____.
    a. hablamos español
    b. patinamos
    c. bailamos
    d. usamos un diccionario

_____ 16. En la clase de arte necesitamos _____ para dibujar.
    a. una silla
    b. un lápiz
    c. un diccionario
    d. una calculadora

_____ 17. En la clase de tecnología _____.
    a. usamos la computadora
    b. hablamos español
    c. necesitamos un diccionario
    d. bailamos mucho

_____ 18. La clase de matemáticas es _____ fácil que la clase de ciencias naturales.
    a. mucho
    b. más
    c. pues
    d. para

_____ 19. La clase de ciencias sociales es _____. Hay mucha tarea todos los días.
    a. fácil
    b. aburrida
    c. difícil
    d. divertida

_____ 20. La clase de inglés no es divertida. Es _____.
    a. fácil
    b. difícil
    c. práctica
    d. aburrida

_____ 21. La clase de español no es difícil. Es _____.
    a. práctica
    b. aburrida
    c. fácil
    d. divertida

_____ 22. —¿_____ estudia matemáticas?
    —Alfonso.
    a. Cómo
    b. Quién
    c. Qué
    d. Tú

_____ 23. Para leer el libro de español necesito _____.
    a. una calculadora
    b. un diccionario
    c. un almuerzo
    d. una clase de arte

_____ 24. La clase de español es mi clase _____. Me gusta más que la clase de inglés.
    a. aburrida
    b. difícil
    c. interesante
    d. favorita

_____ 25. En la clase de arte NO necesitamos _____.
    a. una calculadora
    b. una carpeta
    c. una silla
    d. un lápiz

_____ 26. No me gusta mi _____. Tengo la clase de educación física en la primera hora.
    a. almuerzo
    b. hora
    c. horario
    d. tarea

____ 27. ¿Quién ____ español?
a. hablo
b. hablas
c. habla
d. hablan

____ 28. Felipe y yo ____ matemáticas.
a. estudiamos
b. estudian
c. estudias
d. estudia

____ 29. En la clase de educación física los estudiantes ____ deportes.
a. practicas
b. practica
c. practicar
d. practican

____ 30. La señora Vargas ____ la clase de inglés.
a. enseñas
b. enseñan
c. enseño
d. enseña

____ 31. —¿Qué necesitas para la clase de ciencias naturales?
—¡____ un diccionario!
a. Necesitamos
b. Necesito
c. Necesitan
d. Necesita

____ 32. Yo necesito una calculadora. ¿Qué necesitas ____?
a. ustedes
b. vosotros
c. tú
d. usted

____ 33. —¿Hablan Uds. inglés en la clase de español?
—No, ____ español.
a. hablo
b. hablan
c. hablamos
d. habla

____ 34. —¿Quién estudia ciencias sociales? ¿Tú?
—No, ____ no estudio ciencias sociales.
a. tú
b. Ud.
c. ella
d. yo

____ 35. Juan es simpático. ____ es mi amigo.
a. Ella
b. Él
c. Tú
d. Ustedes

Short Answer

36. ¿Qué necesitas para la clase de matemáticas?

37. ¿Qué clase tienes en la primera hora?

38. ¿En qué clase usas una computadora?

39. ¿Es difícil la clase de español?

40. ¿Quién es tu profesor(a) favorito(a)?

Essay
On a separate sheet of paper, write an answer to the following questions.

41. Write an essay of at least five sentences about your class schedule. Tell what you are studying and what hour each class meets. Tell which class is your favorite, which is difficult, and which is interesting.

Capítulo 2A—Tu día en la escuela
Answer Section

TRUE/FALSE

1.	ANS:	T	OBJ:	To ask and tell who is doing an action
2.	ANS:	T	OBJ:	To ask and tell who is doing an action
3.	ANS:	F	OBJ:	To ask and tell who is doing an action
4.	ANS:	F		

OBJ: To compare your school with that of a student in a Spanish-speaking country

5. ANS: T
OBJ: To compare the way sports fans behave in this country with those of Spanish speaking-countries

6.	ANS:	T	OBJ:	To talk about school subjects
7.	ANS:	F	OBJ:	To talk about school schedules and subjects
8.	ANS:	F	OBJ:	To talk about school subjects
9.	ANS:	T	OBJ:	To talk about school schedules and subjects
10.	ANS:	F	OBJ:	To talk about school schedules and subjects

MULTIPLE CHOICE

11.	ANS:	C	OBJ:	To talk about school schedules and subjects
12.	ANS:	D	OBJ:	To talk about school schedules
13.	ANS:	A	OBJ:	To talk about school subjects
14.	ANS:	D	OBJ:	To talk about school subjects
15.	ANS:	D	OBJ:	To talk about school subjects
16.	ANS:	B	OBJ:	To talk about school subjects
17.	ANS:	A	OBJ:	To talk about school subjects
18.	ANS:	B	OBJ:	To talk about school subjects
19.	ANS:	C	OBJ:	To talk about school subjects
20.	ANS:	D	OBJ:	To talk about school subjects
21.	ANS:	C	OBJ:	To talk about school subjects
22.	ANS:	B	OBJ:	To ask and tell who is doing an action
23.	ANS:	B	OBJ:	To talk about school subjects
24.	ANS:	D	OBJ:	To talk about school subjects
25.	ANS:	A	OBJ:	To talk about school subjects
26.	ANS:	C	OBJ:	To talk about school schedules
27.	ANS:	C	OBJ:	To discuss what students do during the day
28.	ANS:	A	OBJ:	To discuss what students do during the day
29.	ANS:	D	OBJ:	To discuss what students do during the day
30.	ANS:	D	OBJ:	To talk about school schedules and subjects
31.	ANS:	B	OBJ:	To discuss what students do during the day
32.	ANS:	C	OBJ:	To ask and tell who is doing an action
33.	ANS:	C	OBJ:	To discuss what students do during the day

34. ANS: D   OBJ: To ask and tell who is doing an action
35. ANS: B   OBJ: To ask and tell who is doing an action

SHORT ANSWER

36. ANS:
   Answers will vary. Possible answer: *Necesito una calculadora, una carpeta de argollas, un lápiz y un cuaderno.*

   OBJ: To talk about school subjects

37. ANS:
   Answers will vary but should include something like: *Tengo la clase de _____ en la primera hora.*

   OBJ: To talk about school schedules and subjects

38. ANS:
   Answers will vary.

   OBJ: To talk about school subjects

39. ANS:
   Answers will vary.

   OBJ: To talk about school schedules and subjects

40. ANS:
   Answers will vary.

   OBJ: To talk about school schedules and subjects

ESSAY

41. ANS:
   Answers will vary.

   OBJ: To talk about school schedules and subjects

Capítulo 2B—Tu sala de clases

True/False
Indicate whether the sentence or statement is true or false.

_____ 1. Most schools in Spanish-speaking countries have sports teams just as schools do in this country.

_____ 2. Para usar una computadora necesitamos un teclado.

_____ 3. En una sala de clases hay pupitres para los estudiantes.

_____ 4. En una sala de clases hay muchas papeleras para los estudiantes.

_____ 5. En la sala de clases necesitamos un sacapuntas para los lápices.

_____ 6. No hay una puerta en una sala de clases.

_____ 7. En una sala de clases las ventanas están encima de los pupitres.

_____ 8. Para escribir necesito un lápiz o un bolígrafo.

_____ 9. Para usar una computadora necesitamos un ratón y una bandera.

_____ 10. Para usar una computadora necesitamos un ratón debajo del teclado.

Multiple Choice
Identify the letter of the choice that best completes the statement or answers the question.

_____ 11. Which word does not belong in this group?
a. pantalla
b. ratón
c. sacapuntas
d. teclado

_____ 12. Which word does not belong in this group?
a. el escritorio
b. la mesa
c. el pupitre
d. la puerta

_____ 13. —¿Dónde están Uds.?
— _____ en la clase de ciencias naturales.
a. Está
b. Estás
c. Estoy
d. Estamos

_____ 14. ¿Dónde está tu lápiz?
a. Encima del pupitre.
b. Encima de la puerta.
c. Encima de la ventana.
d. Encima del reloj.

____ 15. Las hojas de papel no están debajo de la mesa. Están _____ la mesa.
   a. delante de
   b. detrás de
   c. encima de
   d. al lado de

____ 16. Mi carpeta de argollas no está aquí. Está _____.
   a. allí
   b. pues
   c. encima de
   d. dónde

____ 17. ¿Cuál no necesitas para usar una computadora?
   a. un ratón
   b. un sacapuntas
   c. un teclado
   d. una pantalla

____ 18. —¿Qué hay en tu mochila?
   —Pues, hay _____ en mi mochila.
   a. un escritorio y un bolígrafo
   b. una papelera y una bandera
   c. un cuaderno y un lápiz
   d. una mesa y una silla

____ 19. ¿Dónde está la computadora?
   a. Encima de la mesa.
   b. Debajo de la papelera.
   c. Encima de la puerta.
   d. Aquí en el reloj.

____ 20. ¿Dónde está mi bolígrafo?
   a. En tu reloj.
   b. En tu escritorio.
   c. En la ventana.
   d. En la puerta.

____ 21. —¿Qué hora es?
   —Según _____, es la una.
   a. el teclado
   b. el ratón
   c. el reloj
   d. la papelera

____ 22. Para usar una computadora necesitamos _____.
   a. un teclado, un ratón y una pantalla
   b. una papelera, una mochila y un ratón
   c. un sacapuntas, un cartel y un disquete
   d. un teclado, un disquete y una bandera

____ 23. ¿Dónde está el ratón?
   a. Encima de la bandera.
   b. Al lado del teclado.
   c. Debajo de la silla.
   d. Detrás de la pantalla.

____ 24. _____ mochilas están debajo de los pupitres.
   a. El
   b. La
   c. Los
   d. Las

____ 25. ¿Hay _____ reloj en la clase?
   a. un
   b. una
   c. unas
   d. unos

____ 26. —¿Qué es esto?
   —_____.
   a. Estoy bien, gracias
   b. Está debajo de la mesa
   c. Es un disquete
   d. En la papelera

_____ 27. Which is NOT a basic right of children found in the United Nations *Convención para los ninos?*

a. una casa

b. dignidad

c. ir a la escuela

d. usar una computadora

_____ 28. ¿Dónde _____ mi mochila?

a. estoy

b. estás

c. está

d. están

_____ 29. —¿Cómo estás, Carlos?

—No _____ muy bien.

a. estás

b. estoy

c. están

d. estamos

_____ 30. Enrique y yo _____ en la sala de clases.

a. están

b. estás

c. estoy

d. estamos

_____ 31. Tus disquetes _____ encima de la computadora.

a. está

b. están

c. estás

d. estamos

_____ 32. —¿_____ está tu tarea?

—En mi mochila.

a. Cómo

b. Dónde

c. Qué

d. Cuál

_____ 33. Tengo mucha _____ para mañana.

a. ventana

b. tarea

c. mochila

d. puerta

_____ 34. ¿Qué hay encima de tu pupitre?

a. Mi libro y mis lápices.

b. Mi bandera y mi silla.

c. Mis cuadernos y mis papeleras.

d. Mi libro y mi ventana.

_____ 35. —¿Qué necesitas para usar la computadora?

—_____ disquetes.

a. Uno

b. Unos

c. Unas

d. Una

Short Answer

36. ¿Qué hay encima de tu pupitre?

37. Escribe una lista de seis cosas que están en tu sala de clases. Usa el artículo definido *el, la, los* o *las.*

38. Escribe la forma correcta del verbo *estar*.

—¿Dónde _____ tú?

—_____ en la sala de clases.

39. Generalmente ¿dónde está el teclado de una computadora? ¿Dónde está el ratón?

40. ¿Cuántos pupitres hay en tu sala de clases?

Essay
On a separate sheet of paper, write an answer to the following questions.

41. Write a paragraph of at least five sentences to describe your classroom. Don't forget to mention where things are located.

Capítulo 2B—Tu sala de clases
Answer Section

TRUE/FALSE

1.	ANS:	F	OBJ:	To understand cultural perspectives on school
2.	ANS:	T	OBJ:	To describe a classroom
3.	ANS:	T	OBJ:	To describe a classroom
4.	ANS:	F	OBJ:	To describe a classroom
5.	ANS:	T	OBJ:	To describe a classroom
6.	ANS:	F	OBJ:	To describe a classroom
7.	ANS:	F	OBJ:	To describe a classroom
8.	ANS:	T	OBJ:	To describe a classroom
9.	ANS:	F	OBJ:	To describe a classroom
10.	ANS:	F	OBJ:	To describe a classroom

MULTIPLE CHOICE

11.	ANS:	C	OBJ:	To describe a classroom
12.	ANS:	D	OBJ:	To describe a classroom
13.	ANS:	D	OBJ:	To learn to use the verb estar
14.	ANS:	A	OBJ:	To indicate where things are located
15.	ANS:	C	OBJ:	To indicate where things are located
16.	ANS:	A	OBJ:	To indicate where things are located
17.	ANS:	B	OBJ:	To describe a classroom
18.	ANS:	C	OBJ:	To describe a classroom
19.	ANS:	A	OBJ:	To indicate where things are located
20.	ANS:	B	OBJ:	To indicate where things are located
21.	ANS:	C	OBJ:	To describe a classroom
22.	ANS:	A	OBJ:	To describe a classroom
23.	ANS:	B	OBJ:	To indicate where things are located
24.	ANS:	D	OBJ:	To learn to use the plurals of articles
25.	ANS:	A	OBJ:	To learn to use the plurals of articles
26.	ANS:	C	OBJ:	To describe a classroom
27.	ANS:	D	OBJ:	To understand cultural perspectives on school
28.	ANS:	C	OBJ:	To learn to use the verb estar
29.	ANS:	B	OBJ:	To ask and tell how someone feels
30.	ANS:	D	OBJ:	To learn to use the verb estar
31.	ANS:	B	OBJ:	To learn to use the verb estar
32.	ANS:	B	OBJ:	To indicate where things are located
33.	ANS:	B	OBJ:	To describe a classroom
34.	ANS:	A	OBJ:	To describe a classroom
35.	ANS:	B	OBJ:	To learn to use the plurals of articles

SHORT ANSWER

36. ANS:
Answers will vary.

OBJ: To describe a classroom

37. ANS:
Answers will vary.

OBJ: To describe a classroom

38. ANS:
estás, estoy

OBJ: To learn to use the verb estar

39. ANS:
Answers may vary but should include: *El teclado está delante de la computadora y el ratón está al lado del teclado.*

OBJ: To indicate where things are located

40. ANS:
Answers will vary.

OBJ: To describe a classroom

ESSAY

41. ANS:
Answers will vary.

OBJ: To describe a classroom

Capítulo 3A—¿Desayuno o almuerzo?

True/False
Indicate whether the sentence or statement is true or false.

_____ 1. In Spanish-speaking countries people eat almost exactly the same things for breakfast as people in the US.

_____ 2. In Spanish-speaking countries breakfast usually consists of a piece of bread or a roll, coffee or tea, or possibly a glass of juice.

_____ 3. Many of the foods we commonly eat today, such as tomatoes and corn, were unknown in Europe until the Spanish came to America.

_____ 4. Comemos muchos perritos calientes y pizza en el desayuno.

_____ 5. *Chocolate* is a food the Europeans did not know before coming to the Americas.

_____ 6. Generalmente, bebemos jugo de naranja en el desayuno.

_____ 7. En Latinoamérica comen pan y beben café o té en el desayuno.

_____ 8. Las papas fritas son una fruta.

_____ 9. Plátanos, fresas y galletas son frutas.

_____ 10. El almuerzo es la primera comida del día.

Multiple Choice
Identify the letter of the choice that best completes the statement or answers the question.

_____ 11. No me gusta el jugo de naranja. _____
    a. Por supuesto.
    b. ¡Qué asco!
    c. Me encanta.
    d. ¿Verdad?

_____ 12. —¿Qué bebes en el almuerzo?
    — _____ leche.
    a. Bebes
    b. Bebo
    c. Bebemos
    d. Bebe

_____ 13. ¿Cuál NO es de origen latinoamericano?
    a. leche
    b. maíz
    c. chocolate
    d. tomates

_____ 14. En el desayuno me gusta comer _____.
    a. pan tostado con café
    b. un sandwich de queso
    c. sopa de verduras
    d. pizza

_____ 15. Yo como bistec y papas fritas en la cena. Y tú, ¿qué _____?
    a. como
    b. comes
    c. come
    d. comen

_____ 16. ¿Cuál no usas en una ensalada de frutas?
    a. fresas
    b. manzanas
    c. plátanos
    d. galletas

_____ 17. —¿Qué bebes en el desayuno?
    —_____ café.
    a. Beben
    b. Bebes
    c. Bebo
    d. Bebe

_____ 18. Me gustan _____.
    a. comer huevos
    b. el desayuno
    c. el agua
    d. las naranjas

_____ 19. No me _____ las salchichas. ¡Qué asco!
    a. gusta
    b. gustan
    c. comparto
    d. encanta

_____ 20. Yo _____ el almuerzo con mis amigos.
    a. comparten
    b. compartimos
    c. comparto
    d. comparte

_____ 21. En el verano me gusta beber _____.
    a. jamón
    b. naranjas
    c. pan
    d. limonada

_____ 22. Me gusta comer _____ en el almuerzo.
    a. un refresco
    b. un jugo
    c. una hamburguesa
    d. un café

_____ 23. No me gustan las naranjas. Nunca _____ jugo de naranja.
    a. bebes
    b. bebe
    c. bebo
    d. beben

_____ 24. ¿Cuál no es una fruta?
    a. el tocino
    b. los plátanos
    c. las fresas
    d. las manzanas

_____ 25. —_____ como jamón. ¡Qué asco!
    —Yo tampoco.
    a. Siempre
    b. Nunca
    c. Me gusta
    d. Todos los días

_____ 26. --¿Te gusta el yogur de fresas?
    --Sí, _____.
    a. te gusta
    b. te gustan
    c. me encantan
    d. me encanta

27. ¿Cuál no comemos en el desayuno?
    a. cereal
    b. jamón
    c. pan tostado
    d. ensalada

28. ¿Con quién _____ tú el almuerzo?
    a. comparto
    b. compartes
    c. compartimos
    d. comparte

29. Nosotros nunca _____ la comida.
    a. comparten
    b. comparto
    c. compartimos
    d. comparte

30. Para la ensalada de frutas necesito _____.
    a. fresas, naranjas y plátanos
    b. jamón y tocino
    c. salchichas, naranjas y manzanas
    d. queso, plátanos y tocino

31. ¿Cuál no bebes?
    a. agua
    b. café
    c. fresas
    d. leche

32. Me encantan las fresas. Como fresas _____ en el verano.
    a. todos los días
    b. por supuesto
    c. nunca
    d. más o menos

33. _____ las salchichas. Como salchichas todos los días.
    a. Me gusta mucho
    b. Me encantan
    c. No me gustan nada
    d. Me encanta

34. _____ los plátanos. Nunca como plátanos.
    a. Me encantan
    b. Me gustan mucho
    c. No me gusta
    d. No me gustan nada

35. Siempre como fresas con el cereal. _____ las fresas.
    a. Me encantan
    b. No me gustan nada
    c. No me gustan mucho
    d. Me encanta

Short Answer

36. ¿Cuál es tu almuerzo favorito?

37. ¿Qué comes y bebes en el desayuno?

38. ¿Qué comida te encanta? Y ¿qué comida no te gusta nada?

39. ¿Qué te gusta beber con tu almuerzo favorito?

40. Cuando tienes mucha comida, ¿con quién compartes tu almuerzo? ¿Qué compartes?

41. ¿Cuáles comemos en el desayuno y cuáles en el almuerzo?
    huevos y tocino
    papas fritas y hamburguesas
    perritos calientes
    pan tostado
    pizza
    sopa

Essay
On a separate sheet of paper, write an answer to the following questions.

42. Write a conversation of at least four lines between you and a friend about your food preferences. Ask your friend what he or she likes for lunch. He or she responds and then asks you what you like for lunch. You respond. Then mention some foods you and the friend do not like.

Capítulo 3A—¿Desayuno o almuerzo?
Answer Section

TRUE/FALSE

1.	ANS: F	OBJ:	To understand cultural perspectives on meals
2.	ANS: T	OBJ:	To understand cultural perspectives on meals
3.	ANS: T	OBJ:	To understand cultural perspectives on meals
4.	ANS: F	OBJ:	To talk about foods and beverages for breakfast and lunch
5.	ANS: T	OBJ:	To understand cultural perspectives on meals
6.	ANS: T	OBJ:	To talk about foods and beverages for breakfast and lunch
7.	ANS: T	OBJ:	To understand cultural perspectives on meals
8.	ANS: F	OBJ:	To talk about foods and beverages for breakfast and lunch
9.	ANS: F	OBJ:	To talk about foods for breakfast and lunch
10.	ANS: F	OBJ:	To talk about foods and beverages for breakfast and lunch

MULTIPLE CHOICE

11.	ANS: B	OBJ:	To talk about likes and dislikes
12.	ANS: B	OBJ:	To learn to use -er verbs
13.	ANS: A	OBJ:	To understand cultural perspectives on meals
14.	ANS: A	OBJ:	To talk about foods and beverages for breakfast and lunch
15.	ANS: B	OBJ:	To learn to use -er verbs
16.	ANS: D	OBJ:	To talk about foods and beverages for breakfast and lunch
17.	ANS: C	OBJ:	To learn to use -er verbs
18.	ANS: D	OBJ:	To talk about likes and dislikes
19.	ANS: B	OBJ:	To talk about likes and dislikes
20.	ANS: C	OBJ:	To learn to use -ir verbs
21.	ANS: D	OBJ:	To talk about foods and beverages for breakfast and lunch
22.	ANS: C	OBJ:	To talk about foods and beverages for breakfast and lunch
23.	ANS: C	OBJ:	To learn to use -er verbs
24.	ANS: A	OBJ:	To talk about foods and beverages for breakfast and lunch
25.	ANS: B	OBJ:	To talk about how often something is done
26.	ANS: D	OBJ:	To talk about likes and dislikes
27.	ANS: D	OBJ:	To talk about foods and beverages for breakfast and lunch
28.	ANS: B	OBJ:	To learn to use -ir verbs
29.	ANS: C	OBJ:	To learn to use -ir verbs
30.	ANS: A	OBJ:	To talk about foods and beverages for breakfast and lunch
31.	ANS: C	OBJ:	To talk about foods and beverages for breakfast and lunch
32.	ANS: A	OBJ:	To talk about how often something is done
33.	ANS: B	OBJ:	To talk about likes and dislikes
34.	ANS: D	OBJ:	To talk about likes and dislikes
35.	ANS: A	OBJ:	To talk about likes and dislikes

SHORT ANSWER

36. ANS:
Answers will vary.

OBJ: To talk about foods and beverages for breakfast and lunch

37. ANS:
Answers will vary.

OBJ: To talk about beverages for breakfast and lunch

38. ANS:
Answers will vary.

OBJ: To talk about likes and dislikes

39. ANS:
Answers will vary.

OBJ: To talk about foods and beverages for breakfast and lunch

40. ANS:
Answers will vary.

OBJ: To talk about foods and beverages for breakfast and lunch

41. ANS:
Desayuno--huevos y tocino, pan tostado
Almuerzo--papas fritas y hamburguesas, perritos calientes, pizza, sopa

OBJ: To talk about foods and beverages for breakfast and lunch

ESSAY

42. ANS:
Answers will vary.

OBJ: To talk about likes and dislikes

Capítulo 3B—Para mantener la salud

True/False
Indicate whether the sentence or statement is true or false.

_____ 1. Para mantener la salud debemos hacer ejercicio y comer muchas grasas.

_____ 2. El helado y los pasteles son buenos para la salud.

_____ 3. Comemos la cena aquí a las seis o las siete de la noche.

_____ 4. Las zanahorias, las uvas y las judías verdes son verduras.

_____ 5. Las uvas, las manzanas y las fresas son frutas.

_____ 6. Para una ensalada de verduras necesitas pasteles y lechuga.

_____ 7. Para mantener la salud es importante comer comidas de todos los grupos de la pirámide nutrituva cada día.

_____ 8. El pollo y el bistec son carnes.

_____ 9. La leche y la mantequilla son bebidas.

_____ 10. Para mantener la salud debes hacer ejercicio cada día.

Multiple Choice
Identify the letter of the choice that best completes the statement or answers the question.

_____ 11. ¿Qué comida no es buena para mantener la salud?
   a. manzanas
   b. leche
   c. papas fritas
   d. ensalada de frutas

_____ 12. ¿Qué no debes hacer para mantener la salud?
   a. nadar
   b. ver la tele cada día
   c. correr
   d. levantar pesas

_____ 13. ¿Qué comida tiene más grasa?
   a. mantequilla
   b. guisantes
   c. papas fritas
   d. pescado

_____ 14. ¿Qué debes hacer para mantener la salud?
   a. No practicar deportes.
   b. Comer muchos helados.
   c. Ver la tele cada día.
   d. Comer muchas frutas y verduras.

_____ 15. ¿Cuál es una fruta?
   a. uvas
   b. zanahorias
   c. cebolla
   d. guisantes

_____ 16. ¿Qué comida no es una verdura?
   a. guisantes
   b. zanahorias
   c. lechuga
   d. pescado

_____ 17. ¿Cuál no es una carne?
   a. bistec
   b. hamburguesa
   c. tomates
   d. pollo

_____ 18. Tengo hambre. Necesito _____.
   a. agua
   b. una bebida
   c. comer algo
   d. un refresco

_____ 19. —Tengo sed.
         —Aquí hay _____.
   a. unas uvas
   b. un plátano
   c. arroz
   d. una bebida

_____ 20. Necesito agua. _____.
   a. Tengo hambre
   b. Me gusta el pollo
   c. Prefiero una zanahoria
   d. Tengo sed

_____ 21. ¿Cuál no es una verdura?
   a. helado
   b. zanahorias
   c. judías verdes
   d. lechuga

_____ 22. ¿Cuál no es una fruta?
   a. plátanos
   b. uvas
   c. papas
   d. naranjas

_____ 23. Creo que las hamburguesas son _____ para la salud.
   a. malo
   b. horribles
   c. sabrosos
   d. buena

_____ 24. Mi amigo Jaime _____ un chico inteligente.
   a. son
   b. eres
   c. soy
   d. es

_____ 25. Las papas _____ buenas para la salud.
   a. es
   b. son
   c. somos
   d. soy

_____ 26. Marta y yo _____ estudiantes en la Escuela Bolívar.
   a. somos
   b. soy
   c. son
   d. eres

____ 27. Tienes muchos amigos.
   a. Es muy sociable.
   b. Eres muy sociable.
   c. Es muy sabroso.
   d. Soy muy simpático.

____ 28. Me gustan las verduras. Son muy _____.
   a. sabrosos
   b. sabroso
   c. sabrosas
   d. sabrosa

____ 29. Los pasteles son muy _____ para la salud.
   a. mala
   b. malos
   c. malas
   d. malo

____ 30. Yo _____ la profesora de español.
   a. soy
   b. eres
   c. son
   d. es

____ 31. La cena es _____.
   a. una comida
   b. una bebida
   c. una verdura
   d. una hora

____ 32. ¿Son fáciles tus clases?
   a. Creo que sí.
   b. No, es difícil.
   c. A veces estudio.
   d. Me encantan los libros.

____ 33. ¿Cuál no es un ingrediente de una pizza?
   a. tomates
   b. pan
   c. arroz
   d. queso

____ 34. Me encantan los espaguetis. Son muy _____.
   a. sabroso
   b. sabrosa
   c. sabrosos
   d. sabrosas

____ 35. No me gusta la lechuga porque no es _____.
   a. sabrosa
   b. sabroso
   c. malo
   d. horrible

Short Answer

36. ¿Qué te gusta comer en la cena? ¿Es bueno para la salud?

37. Escribe dos comidas de cada grupo.

Frutas   _____   _____

Carne   _____   _____

Verduras   _____   _____

38. ¿Qué debes hacer para mantener la salud? Escribe tres cosas. ¿Qué haces?

39. Escribe la forma correcta del verbo *ser* en los espacios en blanco.

    Margarita y yo _____ estudiosas. Leemos muchos libros.

    Uds. _____ t alentosas. Tocan la guitarra y cantan.

    Tú _____ mi amigo. Comparto mi pizza contigo y la pizza.

    _____ mi comida favorita.

40. Escribe un menú de tres cosas para cada comida: desayuno, almuerzo, cena.

41. Write a sentence about each food telling whether it is tasty, bad, or horrible:
    las zanahorias, el arroz, los pasteles, la lechuga

Problem

42. Put the following foods under the correct heading:

Verduras	**Carne**	**Frutas**

    uvas
    judías verdes
    guisantes
    pollo
    cebolla
    fresas
    bistec
    lechuga

Essay
On a separate sheet of paper, write an answer to the following questions.

43. Escribe cuatro frases sobre lo que una persona debe hacer para mantener la salud y lo que no debe hacer.

Capítulo 3B—Para mantener la salud
Answer Section

TRUE/FALSE

1.	ANS: F	OBJ:	To discuss food/ health and exercise choices
2.	ANS: F	OBJ:	To discuss food/ health and exercise choices
3.	ANS: T	OBJ:	To discuss foods and meals
4.	ANS: F	OBJ:	To talk about foods
5.	ANS: T	OBJ:	To talk about foods
6.	ANS: F	OBJ:	To discuss food/ health and exercise choices
7.	ANS: T	OBJ:	To discuss food/ health and exercise choices
8.	ANS: T	OBJ:	To talk about foods and beverages for dinner
9.	ANS: F	OBJ:	To talk about foods and beverages for dinner
10.	ANS: T	OBJ:	To discuss food/ health and exercise choices

MULTIPLE CHOICE

11.	ANS: C	OBJ:	To discuss food/ health and exercise choices
12.	ANS: B	OBJ:	To discuss food/ health and exercise choices
13.	ANS: A	OBJ:	To discuss food/ health and exercise choices
14.	ANS: D	OBJ:	To discuss food/ health and exercise choices
15.	ANS: A	OBJ:	To talk about foods and beverages for dinner
16.	ANS: D	OBJ:	To talk about foods and beverages for dinner
17.	ANS: C	OBJ:	To talk about foods and beverages for dinner
18.	ANS: C	OBJ:	To talk about foods and beverages for dinner
19.	ANS: D	OBJ:	To talk about foods and beverages for dinner
20.	ANS: D	OBJ:	To talk about foods and beverages for dinner
21.	ANS: A	OBJ:	To talk about foods and beverages for dinner
22.	ANS: C	OBJ:	To talk about foods and beverages for dinner
23.	ANS: B	OBJ:	To describe what people or things are like
24.	ANS: D	OBJ:	To describe what people and things are like
25.	ANS: B	OBJ:	To describe what people and things are like
26.	ANS: A	OBJ:	To describe what people and things are like
27.	ANS: B	OBJ:	To describe what people and things are like
28.	ANS: C	OBJ:	To describe what people and things are like
29.	ANS: B	OBJ:	To describe what people and things are like
30.	ANS: A	OBJ:	To describe what people and things are like
31.	ANS: A	OBJ:	To talk about foods and beverages for dinner
32.	ANS: A	OBJ:	To describe what people and things are like
33.	ANS: C	OBJ:	To talk about foods and beverages for dinner
34.	ANS: C	OBJ:	To describe what people and things are like
35.	ANS: A	OBJ:	To describe what people and things are like

SHORT ANSWER

36. ANS:
    Answers will vary.

    OBJ: To talk about foods and beverages for dinner

37. ANS:
    Answers will vary.

    OBJ: To talk about foods and beverages for dinner

38. ANS:

    Answers will vary.

    OBJ: To discuss food/ health and exercise choices

39. ANS:
    somos, son, eres, es

    OBJ: To describe what people and things are like

40. ANS:
    Answers will vary.

    OBJ: To talk about foods and beverages for dinner

41. ANS:
    Las zanahorias son sabrosas / malas / horribles.
    El arroz es sabroso / malo / horrible.
    Los pasteles son sabrosos / malos / horribles.
    La lechuga es sabrosa / mala / horrible.

    OBJ: To describe what things are like

PROBLEM

42. ANS:
    Verduras: judías verdes, guisantes, cebolla, lechuga
    Carne: pollo, bistec
    Frutas: uvas, fresas

    OBJ: To talk about foods and beverages for dinner

ESSAY

43. ANS:
Answers will vary.

OBJ: To discuss food/ health and exercise choices

Capítulo 4A—¿Adónde vas?

True/False
Indicate whether the sentence or statement is true or false.

_____ 1. Strolling through the plaza is a popular pastime for young and old alike in Spanish-speaking countries.

_____ 2. Para nadar vamos a la piscina.

_____ 3. Para ir de compras vamos a la iglesia.

_____ 4. Vamos al cine para ver la tele.

_____ 5. Los fines de semana vamos a la escuela.

_____ 6. Vamos a la mezquita para ver una película.

_____ 7. Vamos al gimnasio para hacer ejercicio.

_____ 8. Vamos a las montañas para esquiar.

_____ 9. Vamos al campo para ir de compras.

_____ 10. Vamos a la biblioteca para leer libros y revistas.

Multiple Choice
Identify the letter of the choice that best completes the statement or answers the question.

_____ 11. Eres un chico estudioso. ¿Adónde vas mucho?
   a. Al centro comercial.   c. Al gimnasio.
   b. A la biblioteca.   d. Al cine.

_____ 12. Elena es muy deportista. ¿Adónde va para practicar deportes?
   a. Al centro comercial.   c. A la biblioteca.
   b. Al gimnasio.   d. Al cine.

_____ 13. ¿Adónde no vas en tu tiempo libre?
   a. Al trabajo.   c. Al centro comercial.
   b. Al cine.   d. Al gimnasio.

_____ 14. Voy _____ centro comercial.
   a. a las   c. a los
   b. a la   d. al

____ 15. —¿De dónde eres?

    —_____.

    a. Es de Honduras   c. Eres de Honduras

    b. Soy de Honduras   d. Estoy bien, gracias

____ 16. ¿Qué haces en tu tiempo libre?

    a. Voy a la escuela.   c. Voy a mi lección de piano.

    b. Voy al trabajo.   d. Voy al centro comercial.

____ 17. Me gusta esquiar. Voy _____.

    a. al centro comercial   c. a las montañas

    b. a la iglesia   d. a la playa

____ 18. Tengo hambre.

    a. Voy a la escuela.   c. Voy a la iglesia.

    b. Voy al trabajo.   d. Voy al restaurante.

____ 19. ¿Adónde vas para ver una película?

    a. al templo   c. al cine

    b. a la sinagoga   d. a la iglesia

____ 20. ¿Qué haces _____ domingos?

    a. el   c. en

    b. en los   d. los

____ 21. No me gusta leer. _____ voy a la biblioteca.

    a. Siempre   c. Después

    b. Nunca   d. Todos los días

____ 22. Marta y yo _____ al centro comercial.

    a. voy   c. vamos

    b. vas   d. va

____ 23. Mis amigos _____ al gimnasio para practicar deportes.

    a. van   c. vas

    b. va   d. vamos

____ 24. —¿Adónde vas para comer?

    —_____ al café.

    a. Va   c. Vas

    b. Voy   d. Van

____ 25. —¿_____ haces en el centro comercial?

    —Voy de compras.

    a. Qué   c. Por qué

    b. Cuál   d. Dónde

____ 26. —¿_____ vas al cine?

    —Con mis amigos.

    a. Por qué   c. Cuántos

    b. Dónde   d. Con quién

____ 27. —¿____ vas a la biblioteca?
—Porque me gusta estudiar.
a. Qué
b. Cuál
c. Por qué
d. Con quién

____ 28. —¿____ eres tú?
—Soy de Cuba.
a. Dónde
b. De dónde
c. Adónde
d. Cómo

____ 29. —¿____ vas para nadar?
—Voy a la playa.
a. De dónde
b. Dónde
c. Cuándo
d. Adónde

____ 30. —¿____ vas a la piscina?
—Después de mi clase de inglés.
a. Cuántos
b. Cuándo
c. Qué
d. Cómo

____ 31. —¿____ es tu profesor de inglés?
—El señor Flynn.
a. Cómo
b. Qué
c. Quién
d. Con quién

____ 32. —¿____ estás?
—Muy bien, gracias.
a. Dónde
b. Cuál
c. Qué
d. Cómo

____ 33. ¿Cuáles son los días del fin de semana?
a. El lunes y el martes
b. El domingo y el lunes
c. El sábado y el domingo
d. El viernes y el sábado

____ 34. ¿Cuándo vas a la playa?
a. Generalmente estoy enfermo.
b. Generalmente van los martes.
c. Generalmente estoy aquí.
d. Generalmente voy los domingos.

____ 35. —¿Adónde vas para nadar?
—____.
a. De dónde
b. Adónde
c. A la playa
d. Al cine

● **Matching**

Match each place with the activity most likely done there.

a.   el gimnasio
b.   el cine
c.   la biblioteca

d.   las montañas
e.   el centro comercial
f.   el restaurante

____ 36. Voy allí para comer.

____ 37. Esquío allí.

____ 38. Voy de compras allí.

____ 39. Leo revistas allí.

____ 40. Veo películas allí.

____ 41. Voy allí para hacer ejercicio.

Short Answer

42. ¿Adónde vas después de las clases? ¿Con quién vas?

43. Hay una estudiante nueva en tu escuela. Está sola. Escribe tres preguntas para ella. Usa estas palabras: de dónde, cómo, qué

44. ¿Adónde vas los fines de semana? ¿Qué haces allí? ¿Vas solo(a) o con tus amigos?

45. ¿Adónde vas para hacer ejercicio? ¿nadar? ¿esquiar? ¿ir de compras?

46. —¿_____?
     —Voy a la biblioteca porque necesito un libro.

Essay
On a separate sheet of paper, write an answer to the following questions.

47. Write a conversation of at least 6 sentences among two or three students. They introduce themselves, ask each other what they do, where they go and with whom. They explain what they like and dislike about their activities.

Capítulo 4A—¿Adónde vas?
Answer Section

TRUE/FALSE

   1. ANS: T   OBJ: To understand cultural perspectives on leisure activities
   2. ANS: T   OBJ: To talk about locations in your community
   3. ANS: F   OBJ: To talk about locations in your community
   4. ANS: F   OBJ: To talk about locations in your community
   5. ANS: F   OBJ: To talk about locations in your community
   6. ANS: F   OBJ: To talk about locations in your community
   7. ANS: T   OBJ: To talk about locations in your community
   8. ANS: T   OBJ: To talk about locations in your community
   9. ANS: F   OBJ: To talk about locations in your community
 10. ANS: T   OBJ: To talk about locations in your community

MULTIPLE CHOICE

 11. ANS: B   OBJ: To talk about locations in your community
 12. ANS: B   OBJ: To talk about locations in your community
 13. ANS: A   OBJ: To talk about where you go
 14. ANS: D   OBJ: To talk about where you go
 15. ANS: B   OBJ: To talk about where you are from
 16. ANS: D   OBJ: To talk about where you go
 17. ANS: C   OBJ: To talk about where you go
 18. ANS: D   OBJ: To talk about where you go
 19. ANS: C   OBJ: To talk about where you go
 20. ANS: D   OBJ: To discuss leisure activities
 21. ANS: B   OBJ: To talk about where you go
 22. ANS: C   OBJ: To talk about where you go
 23. ANS: A   OBJ: To talk about where you go
 24. ANS: B   OBJ: To talk about where you go
 25. ANS: A   OBJ: To learn how to ask questions
 26. ANS: D   OBJ: To learn how to ask questions
 27. ANS: C   OBJ: To learn how to ask questions
 28. ANS: B   OBJ: To learn how to ask questions
 29. ANS: D   OBJ: To learn how to ask questions
 30. ANS: B   OBJ: To learn how to ask questions
 31. ANS: C   OBJ: To learn how to ask questions
 32. ANS: D   OBJ: To learn how to ask questions
 33. ANS: C   OBJ: To learn how to ask questions
 34. ANS: D   OBJ: To learn how to ask questions
 35. ANS: C   OBJ: To talk about where you go

MATCHING

36.	ANS:	F	OBJ:	To talk about where you go
37.	ANS:	D	OBJ:	To talk about where you go
38.	ANS:	E	OBJ:	To talk about where you go
39.	ANS:	C	OBJ:	To talk about where you go
40.	ANS:	B	OBJ:	To talk about where you go
41.	ANS:	A	OBJ:	To talk about where you go

SHORT ANSWER

42. ANS:
Answers will vary.

OBJ: To talk about where you go and with whom

43. ANS:
Answers will vary.

OBJ: To learn how to ask questions

44. ANS:
Answers will vary.

OBJ: To discuss leisure activities

45. ANS:
Voy al gimnasio (al parque / a casa) para hacer ejercicio.
Voy a la piscina (a la playa) para nadar.
Voy a las montañas para esquiar.
Voy al centro comercial para ir de compras.

OBJ: To talk about where you go

46. ANS:
Answers will vary but may include: ¿Por qué vas a la biblioteca?

OBJ: To learn how to ask questions

ESSAY

47. ANS:
Answers will vary.

OBJ: To discuss leisure activities

Capítulo 4B—¿Quieres ir conmigo?

True/False
Indicate whether the sentence or statement is true or false.

_____ 1. The International Paralympic Committee organizes summer and winter games for athletes with disabilities.

_____ 2. In Oaxaca, Mexico, on December 23rd a *fiesta* called *La noche de los rábanos,* featuring a display of folk art made from carved radishes, is celebrated.

_____ 3. In Spanish-speaking countries schools do not usually sponsor as many extra-curricular activities as schools in this country do.

_____ 4. Puedes jugar al vóleibol solo.

_____ 5. No puedes ir a la escuela cuando estás muy enfermo.

_____ 6. No jugamos al fútbol en los Estados Unidos.

_____ 7. Aquí comemos la cena a las once de la noche.

_____ 8. Vamos de pesca al centro comercial.

_____ 9. "Cámping" y "béisbol" son palabras españolas que son del inglés.

_____ 10. El vóleibol, el básquetbol, el golf y el tenis son deportes.

Multiple Choice
Identify the letter of the choice that best completes the statement or answers the question.

_____ 11. ¿A qué hora comen el desayuno?
   a. A las siete de la mañana.
   b. A la una de la tarde.
   c. A las seis de la tarde.
   d. A las once de la noche.

_____ 12. ¿Cuál es un deporte?
   a. el concierto
   b. el baile
   c. la fiesta
   d. el béisbol

_____ 13. ¿A cuál generalmente no te gustaría ir?
   a. al partido
   b. al concierto
   c. a la fiesta
   d. a la clase para un examen

_____ 14. —¿Por qué no puedes jugar al vóleibol?
   —Estoy _____.
   a. contenta
   b. ocupada
   c. aquí
   d. bien, gracias

____ 15. Me gusta el pescado. Voy _____.
- a. de cámping
- b. de pesca
- c. a casa
- d. de compras

____ 16. No puedo ir a la escuela. Estoy _____.
- a. triste
- b. contenta
- c. ocupada
- d. enferma

____ 17. —¿Vas al concierto conmigo?
—Sí, voy _____.
- a. contigo
- b. conmigo
- c. a mi lección de piano
- d. al partido

____ 18. —¿Vas al baile el sábado?
—No, _____.
- a. no puedes
- b. no puedo
- c. estás triste
- d. estoy contento

____ 19. Voy al concierto con mis amigos. Estoy muy _____.
- a. contento
- b. enfermo
- c. triste
- d. mal

____ 20. —¿A qué hora vas a la fiesta?
—_____ nueve de la noche.
- a. Al
- b. A la
- c. En las
- d. A las

____ 21. —¿Vas al concierto?
—_____, pero no puedo.
- a. Te gustaría
- b. Me gustaría
- c. Sí
- d. Puedo

____ 22. —¿Puedes jugar al tenis conmigo?
—No, no _____ jugar al tenis.
- a. juegas
- b. jugamos
- c. puedes
- d. sé

____ 23. Tengo que ir a la clase de piano y no me gusta nada. Estoy _____.
- a. contento
- b. triste
- c. mal
- d. enfermo

____ 24. Tengo que trabajar y estudiar y a las seis y media voy a jugar al fútbol. Estoy muy _____.
- a. contenta
- b. triste
- c. ocupada
- d. enferma

____ 25. Voy a jugar al tenis y montar en bicicleta después de trabajar. Voy a estar _____.
- a. triste
- b. cansada
- c. mal
- d. enferma

_____ 26. ¿A qué hora van a comer Uds.?
_____ a las siete.
   a.   Vamos a comer
   b.   Vas a comer
   c.   Va a comer
   d.   Comer

_____ 27. —¿Te gustaría ir al baile conmigo?
—_____. Nos vemos el sábado.
   a.   ¡Qué buena idea!
   b.   ¿Contigo? Nunca
   c.   Lo siento
   d.   No me gustaría bailar contigo

_____ 28. ¿Qué vas a hacer este fin de semana?
   a.   Vas a estudiar.
   b.   Va a estudiar.
   c.   Voy a estudiar.
   d.   Van a estudiar.

_____ 29. Me gustaría ir al concierto. ¿Puedes ir _____?
   a.   conmigo
   b.   contigo
   c.   demasiado
   d.   un poco

_____ 30. ¿_____ tú al tenis?
   a.   Juego
   b.   Juegas
   c.   Juegan
   d.   Juega

_____ 31. —¿Puedes jugar al básquetbol conmigo este fin de semana?
—No, no _____ al básquetbol.
   a.   juegan
   b.   juega
   c.   juego
   d.   jugo

_____ 32. —¿Qué vas a hacer en la playa?
—_____ jugar al vóleibol.
   a.   Vas a
   b.   Voy a
   c.   Vas
   d.   Voy

_____ 33. No estoy bien. Estoy _____.
   a.   contenta
   b.   ocupada
   c.   enferma
   d.   aburrida

_____ 34. ¿Vas a _____ al béisbol conmigo?
   a.   juegas
   b.   juego
   c.   jugar
   d.   jugamos

_____ 35. Mis amigos y yo _____ al béisbol en el verano.
   a.   jugamos
   b.   juegan
   c.   juegas
   d.   jugar

Short Answer

36. ¿Qué deportes juegas en la clase de educación física?

37. ¿Qué vas a hacer después de la clase?

38. Politely decline the following invitation, giving a reason for your refusal.

    ¿Quieres ir al concierto conmigo el sábado?

39. Write a sentence telling what this person is going to do.

    Esteban / estudiar / a las ocho

40. ¿Qué te gustaría hacer este fin de semana?

Essay
On a separate sheet of paper, write an answer to the following questions.

41. Write a dialogue between you and a friend. You tell your friend what you are going to do on Friday. Extend an invitation to your friend to go with you. Tell the friend when and where the event is and ask if he or she can go. The friend can't go, but thanks you and says he or she is sorry.

Capítulo 4B—¿Quieres ir conmigo?
Answer Section

TRUE/FALSE

1.	ANS: T	OBJ:	To understand cultural perspectives on after-school activities
2.	ANS: T	OBJ:	To understand cultural perspectives on after-school activities
3.	ANS: T	OBJ:	To understand cultural perspectives on after-school activities
4.	ANS: F	OBJ:	To talk about activities outside of school
5.	ANS: T	OBJ:	To talk about activities outside of school
6.	ANS: F	OBJ:	To understand cultural perspectives on after-school activities
7.	ANS: F	OBJ:	To talk about activities outside of school
8.	ANS: F	OBJ:	To talk about activities outside of school
9.	ANS: T	OBJ:	To understand cultural perspectives on after-school activities
10.	ANS: T	OBJ:	To talk about activities outside of school

MULTIPLE CHOICE

11.	ANS: A	OBJ:	To tell when an event happens
12.	ANS: D	OBJ:	To talk about activities outside of school
13.	ANS: D	OBJ:	To talk about activities outside of school
14.	ANS: B	OBJ:	To talk about activities outside of school
15.	ANS: B	OBJ:	To talk about activities outside of school
16.	ANS: D	OBJ:	To decline invitations
17.	ANS: A	OBJ:	To talk about activities outside of school
18.	ANS: B	OBJ:	To talk about activities outside of school
19.	ANS: A	OBJ:	To talk about activities outside of school
20.	ANS: D	OBJ:	To tell when an event takes place
21.	ANS: B	OBJ:	To extend/ accept/ and decline invitations
22.	ANS: D	OBJ:	To extend/ accept/ and decline invitations
23.	ANS: B	OBJ:	To talk about activities outside of school
24.	ANS: C	OBJ:	To talk about activities outside of school
25.	ANS: B	OBJ:	To talk about activities outside of school
26.	ANS: A	OBJ:	To tell when an event happens
27.	ANS: A	OBJ:	To extend/ accept/ and decline invitations
28.	ANS: C	OBJ:	To talk about activities outside of school
29.	ANS: A	OBJ:	To extend/ accept/ and decline invitations
30.	ANS: B	OBJ:	To talk about activities outside of school
31.	ANS: C	OBJ:	To talk about activities outside of school
32.	ANS: B	OBJ:	To talk about what you are going to do
33.	ANS: C	OBJ:	To talk about how you feel
34.	ANS: C	OBJ:	To talk about what you are going to do
35.	ANS: A	OBJ:	To talk about activities outside of school

SHORT ANSWER

36. ANS:
Answers will vary.

OBJ: To talk about activities outside of school

37. ANS:
Answers will vary.

OBJ: To talk about activities outside of school

38. ANS:
Answers will vary.

OBJ: To extend/ accept/ and decline invitations

39. ANS:
Esteban va a estudiar a las ocho.

OBJ: To talk about activities outside of school

40. ANS:
Answers will vary but should include Me gustaría . . .

OBJ: To talk about activities outside of school

ESSAY

41. ANS:
Answers will vary.

OBJ: To talk about activities outside of school

Capítulo 5A—Una fiesta de cumpleaños

True/False
Indicate whether the sentence or statement is true or false.

_____ 1. Celebrating a *quinceañera* in a Latin American country is a much more formal celebration than a sweet sixteen party in this country.

_____ 2. The portrait of the *Familia de Carlos IV* is an exact representation of how the family appeared.

_____ 3. A *quinceañera* is a 16th birthday celebration.

_____ 4. Latino families often have parties to celebrate birthdays, baptisms, or anniversaries with several generations together.

_____ 5. El hijo de mis padres es mi hermano.

_____ 6. La madre de mi madre es mi abuela.

_____ 7. El hijo de mis tíos es mi hermano.

_____ 8. Los dulces, el pastel y el papel picado son cosas para comer en una fiesta.

_____ 9. Mis primos son los hijos de mis tíos.

_____ 10. Mis padres son mayores que mis abuelos.

Multiple Choice
Identify the letter of the choice that best completes the statement or answers the question.

_____ 11. El papá de mi padre es mi _____.
    a. madrastra   c. hermano
    b. abuelo   d. primo

_____ 12. María va a tener quince años mañana.
    a. ¡Buenos días!   c. ¡Feliz cumpleaños!
    b. ¡Buenas tardes!   d. ¿Cómo estás?

_____ 13. Para una fiesta, ¿cuál no usamos para decorar?
    a. una piñata   c. papel picado
    b. unas flores   d. una cámara

_____ 14. Para sacar fotos de mi fiesta es necesario _____.
    a. decorar   c. comer los dulces
    b. romper la piñata   d. tener una cámara

_____ 15. El hijo de mis padres es mi _____.
- a. hermana
- b. hermano
- c. primo
- d. prima

_____ 16. Mi hermano tiene un perro. Capitán es _____ perro.
- a. sus
- b. su
- c. mi
- d. nuestro

_____ 17. Hoy es mi cumpleaños. Yo _____ 17 años.
- a. tienes
- b. tenemos
- c. tienen
- d. tengo

_____ 18. María Teresa celebra su quinceañera. ¿Cuántos años tiene?
- a. 10
- b. 11
- c. 14
- d. 15

_____ 19. Vamos a tener una fiesta para María. Es _____ cumpleaños.
- a. mis
- b. sus
- c. nuestro
- d. su

_____ 20. La hija de mi madrastra es mi _____.
- a. hermanastra
- b. prima
- c. primo
- d. tía

_____ 21. Yo tengo 16 años y mi hermano Felipe tiene 12 años. Es mi _____.
- a. hermanastro
- b. hijo
- c. hermano mayor
- d. hermano menor

_____ 22. José y María son mis padres y Esteban y Angélica son mis hermanos. María y José son _____ padres.
- a. mi
- b. tus
- c. su
- d. nuestros

_____ 23. María es la madre de mi padre. María es _____ abuela.
- a. mi
- b. su
- c. nuestra
- d. tu

_____ 24. Mis hermanos _____ un perro y un gato.
- a. tengo
- b. tienes
- c. tenemos
- d. tienen

_____ 25. La hermana de mi padre es mi _____.
- a. abuela
- b. hermana
- c. tía
- d. prima

_____ 26. El hijo de mi madrastra es mi _____.
- a. padrastro
- b. primo
- c. tío
- d. hermanastro

____ 27. Tienes tres gatos. Son _____ gatos.
   a. tus   c. sus
   b. mis   d. nuestro

____ 28. El hijo de mis tíos es mi _____.
   a. hijo   c. tía
   b. primo   d. abuelo

____ 29. La hija de mi padrastro es mi _____.
   a. hermanastra   c. prima
   b. hermana   d. abuela

____ 30. Los hermanos de mis padres son mis
   a. primos   c. hijos
   b. abuelos   d. tíos

____ 31. El padre de mi hermanastra es mi _____.
   a. padrastro   c. primo
   b. abuelo   d. hermanastro

____ 32. La abuela de mi hermano es mi _____.
   a. tía   c. prima
   b. hermana   d. abuela

____ 33. —¿Tienes perros o gatos en casa?
        —_____ un gato.
   a. Tienes   c. Tienen
   b. Tengo   d. Tiene

____ 34. —_____
        —Ella tiene sólo nueve años.
   a. ¿Cuántos años tiene?   c. ¿Tienes hambre?
   b. ¿Cuántos años tienes?   d. ¿Cuántos hermanos tiene?

____ 35. En una fiesta, ¿qué debemos romper?
   a. la cámara   c. la piñata
   b. los dulces   d. los globos

Short Answer

36. ¿Cuántos años tienes?

37. ¿Cuántos hermanos tienes? ¿Son mayores o menores que tú?

38. ¿Qué haces generalmente para celebrar tu cumpleaños?

39. ¿Qué comemos generalmente en una celebración de cumpleaños?

40. ¿Cómo decoras para una fiesta de cumpleaños?

41. ¿Cuántos años tiene tu padre?

Essay
On a separate sheet of paper, write an answer to the following questions.

42. Write a note to your friend about your family. Tell how many brothers and sisters you have, their names, how old they are, and whether they are older or younger than you. Do you have many aunts and uncles? Which are your favorites? Do you have cousins? Tell a little about one of your favorite cousins.

Capítulo 5A—Una fiesta de cumpleaños
Answer Section

TRUE/FALSE

   1. ANS: T   OBJ: To understand cultural perspectives on family and celebrations
   2. ANS: T   OBJ: To understand cultural perspectives on family and celebrations
   3. ANS: F   OBJ: To understand cultural perspectives on family and celebrations
   4. ANS: T   OBJ: To understand cultural perspectives of family and celebrations
   5. ANS: T   OBJ: To describe families
   6. ANS: T   OBJ: To describe families
   7. ANS: F   OBJ: To describe families
   8. ANS: F   OBJ: To talk about celebrations and parties
   9. ANS: T   OBJ: To describe families
  10. ANS: F   OBJ: To describe families

MULTIPLE CHOICE

  11. ANS: B   OBJ: To describe families
  12. ANS: C   OBJ: To ask and tell ages
  13. ANS: D   OBJ: To talk about celebrations and parties
  14. ANS: D   OBJ: To talk about celebrations and parties
  15. ANS: B   OBJ: To describe families
  16. ANS: B   OBJ: To describe families
  17. ANS: D   OBJ: To ask and tell ages
  18. ANS: D
       OBJ: To understand cultural perspectives on the family and celebrations
  19. ANS: D   OBJ: To express possession
  20. ANS: A   OBJ: To describe families
  21. ANS: D   OBJ: To describe families
  22. ANS: D   OBJ: To express possession
  23. ANS: A   OBJ: To express possession
  24. ANS: D   OBJ: To describe families
  25. ANS: C   OBJ: To describe families
  26. ANS: D   OBJ: To describe families
  27. ANS: A   OBJ: To describe families
  28. ANS: B   OBJ: To describe families
  29. ANS: A   OBJ: To describe families
  30. ANS: D   OBJ: To describe families
  31. ANS: A   OBJ: To describe families
  32. ANS: D   OBJ: To describe families
  33. ANS: B   OBJ: To describe families
  34. ANS: A   OBJ: To ask and tell ages
  35. ANS: C   OBJ: To talk about celebrations and parties

● **SHORT ANSWER**

36. ANS:
Tengo . . . años.

OBJ: To ask and tell ages

37. ANS:
Answers will vary but should begin with Tengo

OBJ: To describe families

38. ANS:
Answers will vary.

OBJ: To talk about celebrations and parties

39. ANS:
Answers will vary but may include Comemos pastel (y dulces).

OBJ: To talk about celebrations and parties

40. ANS:
Answers will vary.

OBJ: To talk about celebrations and parties

41. ANS:
Answers will vary but should begin Mi padre tiene . . .

OBJ: To ask and tell ages

ESSAY

42. ANS:
Answers will vary.

OBJ: To describe families

Capítulo 5B—¡Vamos a un restaurante!

True/False
Indicate whether the sentence or statement is true or false.

_____ 1. In some Spanish-speaking countries you can get the waiter's attention by making a *pfft* sound.

_____ 2. Para comer sopa necesito una cuchara.

_____ 3. El Rancho de las Golondrinas es un cine.

_____ 4. Santa Fe, Nuevo México, es una ciudad muy vieja.

_____ 5. La pimienta es un postre delicioso.

_____ 6. Siempre usamos sal y pimienta en nuestro cereal.

_____ 7. Un hombre viejo a veces tiene el pelo canoso.

_____ 8. De postre generalmente comemos servilletas con azúcar.

_____ 9. Una mujer vieja no es joven.

_____ 10. Una camarera o un camarero trae la comida en un restaurante.

Multiple Choice
Identify the letter of the choice that best completes the statement or answers the question.

_____ 11. En un restaurante, ¿quién trae la comida?
    a. el abuelo   c. la servilleta
    b. la profesora   d. la camarera

_____ 12. ¿Qué no debe estar en la mesa?
    a. el tenedor   c. la sal
    b. el plato   d. el camarero

_____ 13. Mi abuelo no es joven. Es _____.
    a. corto   c. viejo
    b. alto   d. bajo

_____ 14. Mi hermana menor tiene seis años y yo tengo quince años. Ella es más _____ que yo.
    a. corta   c. rubia
    b. joven   d. vieja

_____ 15. En el verano siempre _____.
    a. tengo frío   c. tengo pelo canoso
    b. tengo calor   d. tengo pelo rubio

_____ 16. Tomás tiene el pelo _____.
  a. largo y negro
  b. rubio y negro
  c. pelirrojo y joven
  d. castaño y canoso

_____ 17. —¿No somos buenas amigas?
      —Sí, _____.
  a. yo soy un amigo bueno
  b. somos muy buenas amigas
  c. Ud. y él son buenos amigos
  d. ellas son buenas amigas

_____ 18. —¿Cómo es Rogelio?
      —_____.
  a. Tiene pelo negro
  b. Está en la biblioteca
  c. Es de España
  d. Enfermo

_____ 19. Tengo dos hermanas. Carmen es alta, pero Elena es _____.
  a. vieja
  b. joven
  c. baja
  d. corta

_____ 20. —¿Qué _____ Uds?
      —Helado y pastel.
  a. trae
  b. van a pedir
  c. le traigo
  d. postre quieres

_____ 21. El hombre tiene el pelo canoso. Es _____.
  a. joven
  b. inteligente
  c. viejo
  d. rubio

_____ 22. ¿Qué no comemos de postre?
  a. sal
  b. helado
  c. galletas
  d. pastel

_____ 23. Me gusta el pelo largo. No me gusta el pelo _____.
  a. bajo
  b. alto
  c. joven
  d. corto

_____ 24. Tengo mi comida en un plato. Tengo mi bebida en _____.
  a. una camarera
  b. una cuchara
  c. un vaso
  d. un plato

_____ 25. Camarero, necesito _____ para comer mi ensalada.
  a. una cuchara
  b. un vaso
  c. un menú
  d. un tenedor

_____ 26. Yo _____ a la fiesta a las siete.
  a. vienes
  b. viene
  c. vienen
  d. vengo

_____ 27. Nosotros _____ a la quinceañera de Sofía.
  a. venimos
  b. no vienen
  c. tenemos
  d. no puedo celebrar

_____ 28. Camarero, ¿dónde _____ mi servilleta?
    a. eres   c. es
    b. estoy   d. está

_____ 29. Tu hermano _____ muy alto y guapo.
    a. estás   c. es
    b. está   d. eres

_____ 30. María Elena _____ la mujer pelirroja.
    Sí, es muy guapa.
    a. son   c. estás
    b. está   d. es

_____ 31. —¿Me trae unas papas fritas, por favor?
    —Sí, _____.
    a. me gustan las papas fritas   c. y ¿para beber?
    b. me faltan   d. le traigo un postre

_____ 32. —Camarero, _____ un tenedor.
    —Le traigo uno, señora.
    a. de nada   c. de postre
    b. otro   d. me falta

_____ 33. —¿Quiénes _____ a tu fiesta?
    —Mis padres, mis abuelos, mis tíos y mis primos.
    a. vienes   c. vengo
    b. vienen   d. venimos

_____ 34. Los platos y las servilletas _____ en la mesa.
    a. están   c. está
    b. son   d. es

_____ 35. Mi abuela _____ muy inteligente. También _____ guapa.
    a. está / es   c. es / está
    b. es / es   d. está / está

Short Answer

36. ¿Cuáles son seis cosas que hay en una mesa en un restaurante?

37. Felipe no es bajo. Es _____. Tiene el pelo _____, no corto. Su abuelo es viejo. No es _____.

38. ¿A qué hora vienes a la clase de español?

39. ¿Cómo es tu padre?

40. Escribe una frase para pedir una comida en un restaurante.

Essay

On a separate sheet of paper, write an answer to the following questions.

41. Write a dialogue between you and a waiter/waitress as you order a meal in a restaurant. Write six sentences.

Capítulo 5B—¡Vamos a un restaurante!
Answer Section

TRUE/FALSE

   1. ANS: T   OBJ: To order a meal in a restaurant
   2. ANS: T   OBJ: To order a meal in a restaurant
   3. ANS: F   OBJ: To understand cultural perspectives on celebrations
   4. ANS: T   OBJ: To understand cultural perspectives on celebrations
   5. ANS: F   OBJ: To order a meal in a restaurant
   6. ANS: F   OBJ: To order a meal in a restaurant
   7. ANS: T   OBJ: To describe family members and friends
   8. ANS: F   OBJ: To order a meal in a restaurant
   9. ANS: T   OBJ: To describe family members and friends
  10. ANS: T   OBJ: To order a meal in a restaurant

MULTIPLE CHOICE

  11. ANS: D   OBJ: To order a meal in a restaurant
  12. ANS: D   OBJ: To order a meal in a restaurant
  13. ANS: C   OBJ: To describe family members and friends
  14. ANS: B   OBJ: To describe family members and friends
  15. ANS: B   OBJ: To describe family members and friends
  16. ANS: A   OBJ: To describe family members and friends
  17. ANS: B   OBJ: To describe family members and friends
  18. ANS: A   OBJ: To describe family members and friends
  19. ANS: C   OBJ: To describe family members and friends
  20. ANS: B   OBJ: To order a meal in a restaurant
  21. ANS: C   OBJ: To describe family members and friends
  22. ANS: A   OBJ: To order a meal in a restaurant
  23. ANS: D   OBJ: To describe family members and friends
  24. ANS: C   OBJ: To order a meal in a restaurant
  25. ANS: D   OBJ: To order a meal in a restaurant
  26. ANS: D   OBJ: To talk about family celebrations
  27. ANS: A   OBJ: To talk about family celebrations
  28. ANS: D   OBJ: To learn some uses of ser and estar
  29. ANS: C   OBJ: To learn some uses of ser and estar
  30. ANS: D   OBJ: To learn some uses of ser and estar
  31. ANS: C   OBJ: To order a meal in a restaurant
  32. ANS: D   OBJ: To order a meal in a restaurant
  33. ANS: B   OBJ: To learn to use the verb venir
  34. ANS: A   OBJ: To learn some uses of ser and estar
  35. ANS: B   OBJ: To learn some uses of ser and estar

                    © Pearson Education, Inc.

SHORT ANSWER

36. ANS:
Answers will vary but may include platos, tenedores, cucharas, cuchillos, sal, pimienta, servilletas, vasos, tazas y azúcar.

OBJ: To order a meal in a restaurant

37. ANS:
alto, largo, joven

OBJ: To describe family members and friends

38. ANS:
Answers will vary but should start with Vengo a (la clase de español) a la(s) . . .

OBJ: To learn to use the verb venir

39. ANS:
Answers will vary but should begin with Es . . . and adjectives should agree with padre.

OBJ: To describe family members and friends

40. ANS:
Answers will vary.

OBJ: To order a meal in a restaurant

ESSAY

41. ANS:
Answers will vary.

OBJ: To order a meal in a restaurant

Capítulo 6A—En mi dormitorio

True/False
Indicate whether the sentence or statement is true or false.

_____ 1. The central emblem of the Mexican flag tells the story of the founding of the Aztec capital Tenochtitlán.

_____ 2. Una cosa que no es bonita es fea.

_____ 3. Una naranja es azul.

_____ 4. Una manzana es roja o verde.

_____ 5. Una cosa grande no es pequeña.

_____ 6. Marrón, gris y morado son colores.

_____ 7. Usamos una videocasetera para ver un video.

_____ 8. Usamos una computadora o un equipo de sonido para escuchar un disco compacto.

_____ 9. En un dormitorio generalmente hay una cama y una cómoda.

_____ 10. Generalmente tenemos una alfombra en la cama en un dormitorio.

Multiple Choice
Identify the letter of the choice that best completes the statement or answers the question.

_____ 11. Mi mesita no es grande.
   a. Es joven.
   b. Es pequeña.
   c. Es baja.
   d. Es fea.

_____ 12. Mi dormitorio es _____ el dormitorio de mi hermano.
   a. el mejor
   b. pequeño
   c. más grande que
   d. mejor

_____ 13. Mi televisor es peor que el televisor de mi hermano. Es _____ de la casa.
   a. la peor
   b. el peor
   c. la mejor
   d. el mejor

_____ 14. Me encanta mi lector DVD. Es mi _____ posesión.
   a. mejor
   b. peor
   c. más
   d. menor

_____ 15. En la pared de mi dormitorio tengo _____ porque me gusta el arte.
    a. una mesita   c. una cama
    b. un armario   d. un cuadro

_____ 16. Un disco compacto es _____ que un televisor.
    a. mayor   c. menor
    b. más grande   d. más pequeño

_____ 17. —¿Cuántas horas duermes?
       —_____ siete horas.
    a. Duermes   c. Duermen
    b. Duermo   d. Dormimos

_____ 18. ¿Dónde _____ tú?
    a. duermes   c. duermo
    b. duerme   d. duermen

_____ 19. ¿_____ ir al concierto conmigo?
    No, lo siento. Estoy enfermo.
    a. Puedo   c. Pueden
    b. Puedes   d. Podemos

_____ 20. Jaime es inteligente pero yo soy _____ inteligente que él.
    a. mucho   c. menor
    b. mejor   d. más

_____ 21. Me encanta el nuevo disco compacto de Los Tigres. _____.
    a. Es el peor   c. Es la peor
    b. Es el mejor   d. Es la mejor

_____ 22. ¿Cuál no es un color?
    a. rojo   c. mismo
    b. marrón   d. amarillo

_____ 23. En la mesita en mi dormitorio tengo _____.
    a. una lámpara y una cortina   c. una pared y un cuadro
    b. una cómoda y una alfombra   d. un despertador y una lámpara

_____ 24. —¿Van Uds. al concierto mañana?
       —_____.
    a. No podemos   c. No, Uds. no pueden
    b. No pueden   d. No puedes

_____ 25. —¿Cuál es tu posesión _____ importante?
    —Mi televisor es mi posesión más importante.
    a. mejor   c. peor
    b. más   d. menos

_____ 26. ¿Qué es más divertido, ver un video o ir al cine?

Para mí es _____ ver un video. Prefiero ir al cine.

    a.   más aburrido   c.   mejor

    b.   más divertido   d.   menos aburrido

_____ 27. Creo que las cortinas azules son bonitas y las cortinas verdes son feas. Las cortinas verdes son

_____.

    a.   menos bonitas   c.   mejores

    b.   más bonitas   d.   menos feas que las cortinas azules

_____ 28. Víctor es alto y su hermano Antonio es bajo.

    a.   Víctor es más alto que su hermano.

    b.   Antonio es más alto que su hermano.

    c.   Víctor es más bajo que su hermano.

    d.   Antonio es menos bajo que su hermano.

_____ 29. Para mí junio es un mes muy bueno. Es _____ mes del año.

    a.   el peor   c.   la peor

    b.   la mejor   d.   el mejor

_____ 30. ¿Cuáles son los colores de la bandera de México?

    a.   Rojo, blanco y azul   c.   Azul, amarillo y blanco

    b.   Rojo, blanco y verde   d.   Amarillo, rojo y negro

_____ 31. Tenemos una cámara.

    a.   Podemos sacar fotos.

    b.   Podemos ver videos.

    c.   Podemos escuchar un disco compacto.

    d.   Podemos hacer videos.

_____ 32. —¿Qué podemos hacer con la videocasetera?

—_____ ver videos.

    a.   Puede   c.   Puedes

    b.   Pueden   d.   Puedo

_____ 33. No podemos ver videos sin _____.

    a.   una cámara   c.   un disco compacto

    b.   una videocasetera   d.   un equipo de sonido

_____ 34. Son las doce y no puedo _____.

    a.   duermo   c.   duermes

    b.   dormir   d.   dormimos

_____ 35. Hay un espejo, una alfombra, una cama y una cómoda aquí. ¿Dónde estoy?

    a.   En la biblioteca.   c.   En la sala de clase.

    b.   En el gimnasio.   d.   En tu dormitorio.

Short Answer

36. ¿Qué hay en tu dormitorio? Escribe una lista de seis cosas.

37. ¿Tienes tu propio dormitorio o compartes tu dormitorio? ¿Con quién compartes? O ¿te gustaría compartir tu dormitorio?

38. ¿Cuál es la clase más difícil para ti? ¿Cuál es tu clase menos interesante?

39. ¿Cuál es tu mejor posesión?

40. ¿Cuáles son dos cosas que Uds. no pueden hacer en la escuela?

41. Escribe la palabra opuesta *(opposite).*
    grande, feo, mejor, blanco, derecha

Essay
On a separate sheet of paper, write an answer to the following questions.

42. Escribe una descripción de tu dormitorio o tu dormitorio ideal y las cosas que están en el dormitorio. Compara tu dormitorio o tu dormitorio ideal con el dormitorio de tu hermano(a) o de un amigo(a). En comparación, ¿cómo es tu dormitorio? ¿más grande o pequeño? ¿menos interesante? etc.

Capítulo 6A—En mi dormitorio
Answer Section

TRUE/FALSE

1.	ANS: T	OBJ:	To understand cultural perspectives on homes
2.	ANS: T	OBJ:	To describe bedroom items and electronic equipment
3.	ANS: F	OBJ:	To use colors to describe things
4.	ANS: T	OBJ:	To use colors to describe things
5.	ANS: T	OBJ:	To describe bedroom items and electronic equipment
6.	ANS: T	OBJ:	To use colors to describe things
7.	ANS: T	OBJ:	To describe electronic equipment
8.	ANS: T	OBJ:	To describe electronic equipment
9.	ANS: T	OBJ:	To describe bedroom items
10.	ANS: F	OBJ:	To describe bedroom items

MULTIPLE CHOICE

11.	ANS: B	OBJ:	To describe bedroom items
12.	ANS: C	OBJ:	To use comparatives and superlatives
13.	ANS: B	OBJ:	To use comparatives and superlatives
14.	ANS: A	OBJ:	To use comparatives and superlatives
15.	ANS: D	OBJ:	To describe bedroom items
16.	ANS: D	OBJ:	To use comparatives
17.	ANS: B	OBJ:	To learn to use the verb dormir
18.	ANS: A	OBJ:	To learn to use the verb dormir
19.	ANS: B	OBJ:	To learn to use the verb poder
20.	ANS: D	OBJ:	To use comparatives
21.	ANS: B	OBJ:	To use superlatives
22.	ANS: C	OBJ:	To use colors to describe things
23.	ANS: D	OBJ:	To describe bedroom items
24.	ANS: A	OBJ:	To learn to use the verb poder
25.	ANS: B	OBJ:	To use comparatives and superlatives
26.	ANS: A	OBJ:	To use comparatives and superlatives
27.	ANS: A	OBJ:	To use comparatives
28.	ANS: A	OBJ:	To use comparatives
29.	ANS: D	OBJ:	To use superlatives
30.	ANS: B	OBJ:	To understand cultural perspectives on homes
31.	ANS: A	OBJ:	To use the verb poder
32.	ANS: B	OBJ:	To use the verb poder
33.	ANS: B	OBJ:	To describe electronic equipment
34.	ANS: B	OBJ:	To use the verbs poder and dormir
35.	ANS: D	OBJ:	To describe bedroom items

SHORT ANSWER

36. ANS:
Answers will vary.

OBJ: To describe bedroom items and electronic equipment

37. ANS:
Answers will vary

OBJ: To describe bedroom items

38. ANS:
Answers will vary.

OBJ: To use comparatives and superlatives

39. ANS:
Answers will vary.

OBJ: To use superlatives

40. ANS:
Answers will vary but should start with No podemos . . .

OBJ: To use the verb poder

41. ANS:
pequeño, bonito, peor, negro, izquierda

OBJ: To describe bedroom items

ESSAY

42. ANS:
Answers will vary.

OBJ: To describe bedroom items and electronic equipment

Capítulo 6B—¿Cómo es tu casa?

True/False
Indicate whether the sentence or statement is true or false.

_____ 1. An *arpillera* is a popular textile folk art of patchwork appliqués created by Chilean women.

_____ 2. In many Spanish-speaking countries houses are separated from the outside world by a wall or fence and the windows facing the street have bars, or *rejas,* over them.

_____ 3. The patio of a traditional Spanish house is often an open space in the center of the house.

_____ 4. In Spanish-speaking countries people often entertain co-workers and acquaintances in their homes.

_____ 5. El comedor y la sala son cuartos de una casa.

_____ 6. Generalmente comemos en el despacho de una casa.

_____ 7. Debemos lavar los platos si están limpios.

_____ 8. Si estás en la planta baja usas la escalera para ir al primer piso.

_____ 9. El sótano está debajo de la planta baja.

_____ 10. Preparamos la comida en el baño.

Multiple Choice
Identify the letter of the choice that best completes the statement or answers the question.

_____ 11. ¿Qué usas para ir de un piso a otro?
   a.   el garaje
   b.   el sótano
   c.   el primer piso
   d.   la escalera

_____ 12. ¿Cuál no es un quehacer que tu madre dice que debes hacer?
   a.   ¡Pon la mesa!
   b.   ¡Haz la cama!
   c.   ¡Limpia tu cuarto!
   d.   Recibo mi dinero.

_____ 13. ¿Das de comer al perro todos los días?
   Sí, siempre _____ de comer al perro y al gato
   a.   doy
   b.   da
   c.   das
   d.   damos

_____ 14. ¿Cuál no es un cuarto de una casa?
   a.   la sala
   b.   la cocina
   c.   la cortina
   d.   el comedor

© Pearson Education, Inc.

_____ 15. El sótano está _____ la planta baja.
     a. delante de   c. al lado de
     b. encima de   d. debajo de

_____ 16. Después de comer, _____.
     a. lava los platos   c. come el perro
     b. pon la mesa   d. los platos están limpios

_____ 17. Voy a lavar los platos. Están _____.
     a. limpios   c. lejos
     b. sucios   d. bonitos

_____ 18. Estamos en el comedor. _____.
     a. Estamos lavando los platos   c. Estamos comiendo
     b. Estamos lavando el coche   d. Estamos cortando el césped

_____ 19. ¿Cuántos cuartos hay en tu casa?
     a. Doce y un garaje.   c. Tres dormitorios.
     b. Vivo en el sótano.   d. Dos baños.

_____ 20. El coche está sucio y tu dormitorio está muy desordenado.
     a. Pon la mesa y lava el coche.   c. Lava el coche y arregla tu dormitorio.
     b. Lava los platos y corta el césped.   d. Quita el polvo y saca la basura.

_____ 21. Tu dormitorio está muy sucio. Tu madre dice: _____.
     a. cocina la cena   c. haz la cama y pasa la aspiradora
     b. pon la mesa   d. corta el césped

_____ 22. —¿Quién _____ la ropa?
     —Yo.
     a. estoy lavando   c. está lavando
     b. estás lavando   d. están lavando

_____ 23. ¿Qué estás haciendo?
     a. Está arreglando el cuarto.   c. Están comiendo.
     b. Estoy arreglando el cuarto.   d. Estás comiendo.

_____ 24. Tu familia tiene hambre y los platos están limpios. ¿Qué debes hacer?
     a. Dar de comer al gato.   c. Lavar los platos.
     b. Cocinar y poner la mesa.   d. Quitar el polvo.

_____ 25. Tenemos un _____ para tres coches.
     a. sótano   c. despacho
     b. piso   d. garaje

_____ 26. Mis hermanos, mis padres y yo hacemos _____ de la casa.
     a. el piso   c. los quehaceres
     b. los platos   d. el sótano

_____ 27. ¿Qué haces, Carlos?
    a.   Está comiendo.   c.   Están comiendo.
    b.   Estoy comiendo.   d.   Estás comiendo.

_____ 28. Si vives en un apartamento no tienes que _____.
    a.   lavar la ropa   c.   cortar el césped
    b.   arreglar tu cuarto   d.   sacar la basura

_____ 29. Un quehacer que no hacemos en la casa es _____.
    a.   lavar los platos   c.   quitar el polvo
    b.   hacer la cama   d.   lavar el coche

_____ 30. La cocina está muy sucia. Tu padre dice: _____.
    a.   Estás lavando los platos   c.   Lava los platos y saca la basura
    b.   Lavan los platos   d.   Estás sacando la basura

_____ 31. Estoy usando la computadora en mi _____.
    a.   despacho   c.   garaje
    b.   escalera   d.   césped

_____ 32. La alfombra está sucia. Debes _____.
    a.   cortar el césped   c.   hacer la cama
    b.   pasar la aspiradora   d.   quitar el polvo

_____ 33. Vivimos _____ de la escuela. Camino a la escuela todos los días.
    a.   lejos   c.   encima
    b.   cerca   d.   debajo

_____ 34. Nuestro apartamento está en en primer piso. Tengo que usar la _____ para sacar la basura.
    a.   escalera   c.   aspiradora
    b.   garaje   d.   sala

_____ 35. Cuando hago mis quehaceres _____ dinero de mi familia.
    a.   recibo   c.   quito
    b.   doy   d.   pongo

Short Answer

36. ¿Cuántos pisos hay en tu casa? ¿En qué piso está tu cuarto?

37. Para ti, ¿cuáles son los tres peores quehaceres de tu casa?

38. Give commands to fix the following things:
Todo está en desorden. El perro tiene hambre, hay mucha basura en la cocina, los platos, la alfombra y el coche están sucios, y hay polvo en las mesas.

39. La casa está muy desordenada. Papá y Mamá están en la cocina donde hay muchos platos sucios. Cecilia está en el comedor donde la alfombra está sucia. Paco está en la sala donde hay polvo. Tú estás en tu cuarto que está muy desordenado. Tu hermana está en el baño que está muy sucio también. ¿Qué está haciendo cada persona para arreglar cada cuarto?

40. ¿Qué estás haciendo ahora?

Essay

On a separate sheet of paper, write an answer to the following questions.

41. Escribe una descripción de tu casa o de tu casa ideal. ¿Cuántos pisos tiene? ¿Cuántos cuartos hay y cuáles son? ¿Cuáles son los quehaceres de tu casa? ¿Quién hace cada uno? ¿Qué haces tú para ayudar en casa?

Capítulo 6B—¿Cómo es tu casa?
Answer Section

TRUE/FALSE

1.	ANS:	T	OBJ:	To understand cultural perspectives
2.	ANS:	T	OBJ:	To understand cultural perspectives on houses
3.	ANS:	T	OBJ:	To understand cultural perspectives on houses
4.	ANS:	F	OBJ:	To understand cultural perspectives on houses
5.	ANS:	T	OBJ:	To identify rooms in a house
6.	ANS:	F	OBJ:	To identify rooms in a house
7.	ANS:	F	OBJ:	To name household chores
8.	ANS:	T	OBJ:	To identify rooms in a house
9.	ANS:	T	OBJ:	To identify rooms in a house
10.	ANS:	F	OBJ:	To identify rooms in a house

MULTIPLE CHOICE

11.	ANS:	D	OBJ:	To identify rooms in a house
12.	ANS:	D	OBJ:	To name household chores
13.	ANS:	A	OBJ:	To name household chores
14.	ANS:	C	OBJ:	To identify rooms in a house
15.	ANS:	D	OBJ:	To identify rooms in a house
16.	ANS:	A	OBJ:	To name household chores
17.	ANS:	B	OBJ:	To name household chores
18.	ANS:	C	OBJ:	To name household chores
19.	ANS:	A	OBJ:	To identify rooms in a house
20.	ANS:	C	OBJ:	To name household chores
21.	ANS:	C	OBJ:	To name household chores
22.	ANS:	C	OBJ:	To learn to use the present progressive tense
23.	ANS:	B	OBJ:	To learn to use the present progressive tense
24.	ANS:	B	OBJ:	To name household chores
25.	ANS:	D	OBJ:	To identify rooms in a house
26.	ANS:	C	OBJ:	To name household chores
27.	ANS:	B	OBJ:	To learn to use the present progressive
28.	ANS:	C	OBJ:	To name household chores
29.	ANS:	D	OBJ:	To name household chores
30.	ANS:	C	OBJ:	To learn to use tu commands
31.	ANS:	A	OBJ:	To identify rooms in a house
32.	ANS:	B	OBJ:	To name household chores
33.	ANS:	B	OBJ:	To tell where you live
34.	ANS:	A	OBJ:	To tell where you live
35.	ANS:	A	OBJ:	To name household chores

SHORT ANSWER

36. ANS:
Answers will vary.

   OBJ: To identify rooms of a house

37. ANS:
Answers will vary.

   OBJ: To name household chores

38. ANS:
Da de comer al perro, saca la basura, lava los platos y el coche, pasa la aspiradora y quita el polvo de las mesas.

   OBJ: To learn to use familiar tu commands

39. ANS:
Papá y Mamá están lavando los platos. Cecilia está pasando la aspiradora. Paco está quitando el polvo. Yo estoy arreglando mi cuarto. Mi hermana está limpiando el baño.

   OBJ: To learn to use the present progressive tense

40. ANS:
Answers will vary.

   OBJ: To learn to use the present progressive tense

ESSAY

41. ANS:
Answers will vary.

   OBJ: To identify rooms in a house

Capítulo 7A—¿Cuánto cuesta?

True/False
Indicate whether the sentence or statement is true or false.

_____ 1. In Spanish-speaking countries there is still a big difference between what one wears for casual situations and what one wears to school, to church or to a party.

_____ 2. Fernando Botero es un artista famoso de Colombia.

_____ 3. Las polleras elegantes de Panamá cuestan mucho porque las mujeres a veces trabajan siete meses para hacer una.

_____ 4. *Molas* are bright fabric artwork created by the Kuna Indians of the San Blas islands.

_____ 5. En el verano llevamos pantalones, suéteres y botas.

_____ 6. Necesitamos una chaqueta cuando hace frío.

_____ 7. Los hombres llevan faldas y blusas.

_____ 8. Hay muchas tiendas en un centro comercial.

_____ 9. En el verano los jóvenes llevan pantalones cortos y camisetas.

_____ 10. Llevamos los calcetines en los pies.

Multiple Choice
Identify the letter of the choice that best completes the statement or answers the question.

_____ 11. En Latinoamérica o en España, ¿qué no debes llevar en un restaurante o en la sala de clase?
   a. el vestido
   b. el traje
   c. las botas
   d. la gorra

_____ 12. ¿Qué ropa no llevas para practicar deportes?
   a. la sudadera
   b. el traje
   c. la camiseta
   d. los pantalones cortos

_____ 13. ¿Cuál es el número 555?
   a. quinientos
   b. cincuenta y cinco
   c. quinientos cincuenta y cinco
   d. quinientos cinco

_____ 14. ¿Cuál es el número 724?
   a. setenta y cuatro
   b. noventa y cuatro
   c. setecientos veinticuatro
   d. novecientos setenta y cuatro

_____ 15. No puedo llevar mi traje viejo a la fiesta. Tengo que _____.
    a. comprar un traje nuevo   c. buscar mi traje viejo
    b. comprar un traje viejo   d. buscar mi traje de baño

_____ 16. Estos pantalones no me quedan bien. Son _____.
    a. muy sucios   c. muy largos
    b. muy nuevos   d. muy bonitos

_____ 17. ¿Qué no llevan los hombres?
    a. pantalones y camisas   c. botas y jeans
    b. pantalones cortos y camisetas   d. blusas y faldas

_____ 18. ¿Generalmente, ¿qué no llevas a la escuela?
    a. un traje de baño   c. zapatos
    b. pantalones y una camisa   d. jeans y una camiseta

_____ 19. —¿_____?
    —Doscientos pesos.
    a. En qué puedo servirle   c. Me quedan bien
    b. Cuánto cuestan   d. Cómo me quedan

_____ 20. Esos jeans te quedan mal. Son demasiado _____.
    a. nuevos   c. jóvenes
    b. cortos   d. azules

_____ 21. —¿Qué vas a llevar al concierto?
    —_____ llevar mi suéter nuevo.
    a. Piensas   c. Piensan
    b. Pienso   d. Pensamos

_____ 22. No puedo llevar estos zapatos sin _____.
    a. una gorra   c. abrigos
    b. botas   d. calcetines

_____ 23. —¿Cuáles _____?
    —Me gustan los pantalones grises.
    a. prefiero   c. prefieres
    b. preferimos   d. prefieren

_____ 24. Carmen y yo no tenemos nada que llevar al baile. _____ ir de compras.
    a. Piensa   c. Piensas
    b. Piensan   d. Pensamos

_____ 25. —¿Puedes ir a nadar conmigo?
    —No puedo. _____.
    a. Tengo hambre   c. Quiero ir contigo
    b. No tengo mi traje de baño   d. No tengo mi traje

_____ 26. ¿Qué llevas cuando hace frío?
    a. pantalones cortos   c. una camiseta
    b. un traje de baño   d. un abrigo

_____ 27. —Tengo frío.
      —¿_____?
      a. Quieres mi chaqueta   c. Quieren dormir un poco
      b. Quieren mi chaqueta   d. Quieres un refresco

_____ 28. _____ suéter no me queda bien. Necesito otro.
      a. Esta   c. Esa
      b. Esos   d. Este

_____ 29. Dependienta, ¿cuánto cuesta _____ falda?
      a. este   c. estas
      b. esta   d. ese

_____ 30. —_____, ¿cuánto cuestan estos zapatos?
      —Doscientos cincuenta pesos.
      a. Cuestan   c. Perdón
      b. Quizás   d. Vamos

_____ 31. Tengo mil pesos. Los pantalones cuestan trescientos. ¿Cuánto voy a tener si compro los pantalones?
      a. Seiscientos pesos.   c. Ochocientos pesos.
      b. Setecientos pesos.   d. Quinientos pesos.

_____ 32. —¿En qué puedo servirle?
      —_____ una blusa verde.
      a. Puedo   c. Entro
      b. Cuesta   d. Busco

_____ 33. ¿Quiénes _____ en esa tienda de ropa?
      a. piensan   c. prefieren
      b. entran   d. quieren

_____ 34. ¿Cuánto _____ esta camisa?
      a. cuestan   c. prefiere
      b. cuesta   d. quiere

_____ 35. ¿Vas a comprar _____ botas?
      Sí, me quedan bien.
      a. esa   c. esas
      b. ese   d. esos

_____ 36. ¿Te gustan estos jeans?
      ¿_____ jeans? No, no me gustan.
      a. Esos   c. Estas
      b. Ese   d. Esas

Short Answer

37. ¿Qué ropa prefieres llevar en el verano? ¿Y en el invierno?

38. ¿Qué prefieren tú y tus amigos llevar a un baile de la escuela?

39. ¿Qué piensas llevar a la escuela mañana?

40. ¿Adónde vas para comprar tu ropa?

41. ¿Adónde quieres ir este fin de semana y qué piensas hacer allí?

Essay
On a separate sheet of paper, write an answer to the following questions.

42. Hay un baile este fin de semana y necesitas ropa para llevar. Escribe la conversación que tienes con el (la) dependiente(a) en una tienda de ropa.

Capítulo 7A—¿Cuánto cuesta?
Answer Section

TRUE/FALSE

1.	ANS:	T	OBJ:	To understand cultural perspectives on shopping
2.	ANS:	T	OBJ:	To understand cultural perspectives on fine art
3.	ANS:	T	OBJ:	To understand cultural perspectives on shopping
4.	ANS:	T	OBJ:	To understand cultural perspectives on shopping
5.	ANS:	F	OBJ:	To talk about clothes
6.	ANS:	T	OBJ:	To talk about clothing
7.	ANS:	F	OBJ:	To talk about clothes
8.	ANS:	T	OBJ:	To talk about shopping
9.	ANS:	T	OBJ:	To talk about clothing
10.	ANS:	T	OBJ:	To talk about clothes

MULTIPLE CHOICE

11.	ANS:	D	OBJ:	To talk about clothes
12.	ANS:	B	OBJ:	To talk about clothes
13.	ANS:	C	OBJ:	To discuss how much clothes cost
14.	ANS:	C	OBJ:	To discuss how much clothes cost
15.	ANS:	A	OBJ:	To talk about clothes and shopping
16.	ANS:	C	OBJ:	To talk about clothes and shopping
17.	ANS:	D	OBJ:	To talk about clothes
18.	ANS:	A	OBJ:	To talk about clothes
19.	ANS:	B	OBJ:	To talk about clothes/ shopping and prices
20.	ANS:	B	OBJ:	To talk about clothes and shopping
21.	ANS:	B	OBJ:	To ask and tell what you or others plan to do
22.	ANS:	D	OBJ:	To talk about clothes
23.	ANS:	C	OBJ:	To ask what you and others prefer
24.	ANS:	D	OBJ:	To ask and tell what you or others plan to do
25.	ANS:	B	OBJ:	To talk about clothes
26.	ANS:	D	OBJ:	To talk about clothes
27.	ANS:	A	OBJ:	To ask and tell what you or others want
28.	ANS:	D	OBJ:	To point things out using demonstrative adjectives
29.	ANS:	B	OBJ:	To point things out using demonstrative adjectives
30.	ANS:	C	OBJ:	To talk about clothes/ shopping and prices
31.	ANS:	B	OBJ:	To talk about clothes/ shopping and prices
32.	ANS:	D	OBJ:	To talk about clothes/ shopping and prices
33.	ANS:	B	OBJ:	To talk about clothes/ shopping and prices
34.	ANS:	B	OBJ:	To talk about clothes/ shopping and prices
35.	ANS:	C	OBJ:	To point things out using demonstrative adjectives
36.	ANS:	A	OBJ:	To point out specific items

SHORT ANSWER

37. ANS:
Answers will vary.

    OBJ: To talk about clothes

38. ANS:
Answers will vary.

    OBJ: To talk about clothing

39. ANS:
Answers will vary.

    OBJ: To talk about clothes

40. ANS:
Answers will vary but may include: *Voy a la tienda de ropa / al centro comercial.*

    OBJ: To talk about clothes and shopping

41. ANS:
Answers will vary.

    OBJ: To describe your plans

ESSAY

42. ANS:
Answers will vary.

    OBJ: To talk about clothes/ shopping and prices

Capítulo 7B—¡Qué regalo!

True/False
Indicate whether the sentence or statement is true or false.

_____ 1. Pre-Columbian cultures were those that existed before the arrival of Christopher Columbus.

_____ 2. Para comprar unos aretes voy a una joyería.

_____ 3. En un almacén podemos comprar ropa, perfume, guantes, carteras, zapatos y muchas otras cosas.

_____ 4. Venden botas en una zapatería.

_____ 5. Generalmente las cosas son más baratos en una tienda de descuentos que en un almacén.

_____ 6. Vamos a una tienda de electrodomésticos para comprar televisores y equipos de sonido.

_____ 7. Vamos a una librería para comprar cadenas.

_____ 8. En una joyería podemos comprar collares, pulseras, anillos, aretes y software.

_____ 9. Necesitamos una computadora para comprar cosas en la Red.

_____ 10. Las mujeres generalmente llevan su dinero en un llavero.

Multiple Choice
Identify the letter of the choice that best completes the statement or answers the question.

_____ 11. Si quieres comprar aretes vas _____.
  a. a la joyería
  b. a la heladería
  c. a la zapatería
  d. a la tienda de electrodomésticos

_____ 12. Si quieres comprar una pulsera, ¿a qué tienda vas?
  a. a la joyería
  b. a la heladería
  c. a la zapatería
  d. a la tienda de electrodomésticos

_____ 13. Si quieres comprar un diccionario, ¿a qué tienda vas?
  a. a la heladería
  b. al almacén
  c. a la librería
  d. a la joyería

_____ 14. Si quieres comprar unos calcetines, ¿a qué tienda vas?
  a. al almacén
  b. a la heladería
  c. a la librería
  d. a la joyería

_____ 15. ¿Qué no venden en una joyería?
- a. corbatas
- b. relojes
- c. pulseras
- d. anillos

_____ 16. ¿Qué compraste para tu tía?
_____ un collar muy bonito.
- a. Compro
- b. Compró
- c. Compra
- d. Compré

_____ 17. Generalmente un hombre lleva _____ con un traje.
- a. un collar
- b. unos guantes
- c. una corbata
- d. unos anteojos de sol

_____ 18. —¿Qué llevas en tu bolso?
— _____ .
- a. Mi corbata y mi novio
- b. Mi dinero y mi llavero
- c. Mi alfombra y mi dinero
- d. Mi cartera y mi almacén

_____ 19. —¿Cuánto _____ por los jeans?
—Doscientos noventa y nueve pesos.
- a. cocinaste
- b. pagaste
- c. buscaste
- d. miraste

_____ 20. La persona que _____ cosas en un almacén es una dependienta.
- a. paga
- b. mira
- c. vende
- d. compra

_____ 21. El año pasado _____ inglés. Este año _____ español.
- a. estudio / estudio
- b. estudio / estudié
- c. estudias / estudiaste
- d. estudiamos / estudiamos

_____ 22. Ayer miré un collar muy bonito en la joyería. Hoy voy a _____ .
- a. las compro
- b. los compré
- c. comprarlo
- d. comprarla

_____ 23. —¿Dónde _____ Uds. esos aretes?
—En el centro comercial.
- a. compraste
- b. compramos
- c. compraron
- d. compró

_____ 24. Estos zapatos negros cuestan trescientos noventa pesos. Esos zapatos azules cuestan doscientos. Los zapatos azules son _____ .
- a. más pequeños
- b. menores
- c. más baratos
- d. más caros

_____ 25. Quiero comprar unos aretes. _____ venden en esa joyería.
- a. Las
- b. Los
- c. La
- d. Lo

____ 26. —¿Cuánto pagaste por ese perfume?

—_____ demasiado.

    a. Pago   c. Pagó

    b. Pagué   d. Pagaste

____ 27. —¿Cuándo compraste tu reloj pulsera?

—_____.

    a. Hace un año   c. En la Red

    b. Lo vendo   d. Mañana

____ 28. Anoche en la fiesta yo _____ con mi novio.

    a. bailamos   c. bailé

    b. bailan   d. bailo

____ 29. Los novios _____ los anillos en la joyería.

    a. miró   c. miraste

    b. miro   d. miraron

____ 30. Generalmente llevamos guantes en _____.

    a. las manos   c. los brazos

    b. los pies   d. las piernas

____ 31. Anoche _____ al básquetbol con mis amigos.

    a. juego   c. juegan

    b. jugué   d. juegas

____ 32. Limpié mi cuarto hace _____.

    a. una semana   c. el año pasado

    b. ayer   d. anoche

____ 33. La semana pasada yo _____ un regalo para mi novia.

    a. busco   c. busqué

    b. buscamos   d. buscaste

____ 34. —¿Miraste las cadenas y las pulseras en la joyería?

—Sí, pero cuestan mucho. Son demasiado _____.

    a. baratas   c. caras

    b. carteras   d. amarillas

____ 35. Soy dependiente en una tienda de electrodomésticos. Vendo _____.

    a. equipos de sonido   c. cadenas

    b. bolsos   d. perfumes

Short Answer

36. ¿Qué puedes comprar en una joyería?

37. Compro zapatos en _____.

38. ¿Qué regalo compraste para el cumpleaños de tu madre?

39. ¿Cuánto pagaste por el regalo?

40. ¿Dónde puedes comprar televisores, equipos de sonido, lectores DVD y videocaseteras?

Essay
On a separate sheet of paper, write an answer to the following questions.

41. Mañana es el cumpleaños de un amigo. Escribe sobre el regalo que compraste. ¿Dónde buscaste un regalo? ¿Qué compraste? ¿Cuánto pagaste? ¿Pagaste demasiado?

Capítulo 7B—¡Qué regalo!
Answer Section

TRUE/FALSE

1.	ANS:	T	OBJ:	To understand and identify other cultures
2.	ANS:	T	OBJ:	To talk about buying gifts
3.	ANS:	T	OBJ:	To talk about buying gifts
4.	ANS:	T	OBJ:	To talk about buying gifts
5.	ANS:	T	OBJ:	To talk about buying gifts
6.	ANS:	T	OBJ:	To talk about buying gifts
7.	ANS:	F	OBJ:	To talk about buying gifts
8.	ANS:	F	OBJ:	To talk about buying gifts
9.	ANS:	T	OBJ:	To talk about buying gifts
10.	ANS:	F	OBJ:	To talk about buying gifts

MULTIPLE CHOICE

11.	ANS:	A	OBJ:	To talk about buying gifts
12.	ANS:	A	OBJ:	To talk about buying gifts
13.	ANS:	C	OBJ:	To talk about buying gifts
14.	ANS:	A	OBJ:	To talk about buying gifts
15.	ANS:	A	OBJ:	To talk about buying gifts
16.	ANS:	D	OBJ:	To tell what happened in the past
17.	ANS:	C	OBJ:	To talk about buying gifts
18.	ANS:	B	OBJ:	To talk about buying gifts
19.	ANS:	B	OBJ:	To talk about buying gifts
20.	ANS:	C	OBJ:	To talk about buying gifts
21.	ANS:	D	OBJ:	To tell what happened in the past
22.	ANS:	C	OBJ:	To use the direct object pronouns lo/ la/ los/ and las
23.	ANS:	C	OBJ:	To tell what happened in the past
24.	ANS:	C	OBJ:	To talk about buying gifts
25.	ANS:	B	OBJ:	To use the direct object pronouns lo/ la/ los/ and las
26.	ANS:	B	OBJ:	To tell what happened in the past
27.	ANS:	A	OBJ:	To tell what happened in the past
28.	ANS:	C	OBJ:	To tell what happened in the past
29.	ANS:	D	OBJ:	To tell what happened in the past
30.	ANS:	A	OBJ:	To talk about buying gifts
31.	ANS:	B	OBJ:	To tell what happened in the past
32.	ANS:	A	OBJ:	To tell what happened in the past
33.	ANS:	C	OBJ:	To tell what happened in the past
34.	ANS:	C	OBJ:	To talk about buying gifts
35.	ANS:	A	OBJ:	To talk about buying gifts

SHORT ANSWER

36. ANS:
   Answers will vary but should include one or more of the following: *anillos, aretes, cadenas, collares, pulseras y relojes.*

   OBJ: To talk about buying gifts

37. ANS:
   una zapatería

   OBJ: To talk about buying gifts

38. ANS:
   Answers will vary.

   OBJ: To tell what happened in the past

39. ANS:
   Answers will vary.

   OBJ: To tell what happened in the past

40. ANS:
   Answers will vary but may include: *en una tienda de electrodomésticos, en un almacén o en una tienda de descuentos.*

   OBJ: To talk about buying gifts

ESSAY

41. ANS:
   Answers will vary.

   OBJ: To tell what happened in the past

Capítulo 8A—De vacaciones

True/False
Indicate whether the sentence or statement is true or false.

____ 1. En Machu Picchu, los incas construyeron una ciudad a más de 2.000 metros de altura.

____ 2. Machu Picchu es un museo muy viejo en Perú.

____ 3. Las Líneas de Nazca son grandes dibujos de animales y figuras geométricas que sólo podemos ver desde un avión.

____ 4. Si queremos ver animales como osos y monos vamos al zoológico.

____ 5. En un museo podemos ver cuadros muy bonitos.

____ 6. Cuando estamos de vacaciones generalmente dormimos en un estadio.

____ 7. Podemos pasear en bote en un lago o en el mar.

____ 8. Unos animales que viven en los árboles son los pájaros y los monos.

____ 9. Si vas a tomar el sol en una playa necesitas traer tu traje de baño y tus anteojos de sol.

____ 10. Vamos a un monumento para bucear y pasear en bote.

Multiple Choice
Identify the letter of the choice that best completes the statement or answers the question.

____ 11. ¿Cuál no es un lugar adónde vas de vacaciones?
a. el lago
b. la playa
c. las montañas
d. la fiesta

____ 12. ¿Adónde vas para ver una obra de teatro?
a. al monumento
b. al estadio
c. al zoológico
d. al teatro

____ 13. ¿Qué no haces en tus vacaciones?
a. montar a caballo
b. bucear
c. tomar el sol
d. trabajar

____ 14. En mis vacaciones voy a ver _____ abuelos en Chile.
a. al
b. a mis
c. mi
d. mis

_____ 15. ¿Cuáles son atracciones que puedes visitar cuando estás de vacaciones?
- a. el zoológico y el árbol
- b. el museo y el boleto
- c. el museo y los monumentos
- d. el hotel y el avión

_____ 16. Fuimos _____ para ver un partido de fútbol.
- a. al museo
- b. al lago
- c. al estadio
- d. al monumento

_____ 17. En nuestras vacaciones paseamos en bote, montamos a caballo, tomamos el sol, visitamos los monumentos y descansamos.
- a. Fue un desastre.
- b. Viste los animales.
- c. No lo pasamos bien.
- d. Nos gustó mucho.

_____ 18. Dime, ¿cómo lo pasaste?
_____. Fuimos al lago para pasear en bote y llovió. Regresamos temprano.
- a. Fue un desastre
- b. Fántastico
- c. Lo pasamos muy bien
- d. Tremendo

_____ 19. ¿Cuándo _____ tu avión?
- a. salí
- b. salió
- c. salieron
- d. salimos

_____ 20. —¿Quieres ir a las montañas para montar a caballo conmigo?
—Nunca _____ a montar a caballo.
- a. aprendió
- b. aprendiste
- c. aprendieron
- d. aprendí

_____ 21. Mis amigos _____ a Colombia de vacaciones.
- a. ir
- b. fue
- c. fuimos
- d. fueron

_____ 22. —¿Qué hiciste en tus vacaciones?
—Viajamos al parque nacional donde _____ a bucear.
- a. aprendieron
- b. aprendió
- c. aprendimos
- d. aprendiste

_____ 23. Fuimos de Florida a la República Dominicana _____.
- a. en tren
- b. en coche
- c. en barco
- d. en autobús

_____ 24. ¿Para qué fuiste al museo?
- a. Para ver el parque nacional.
- b. Para ver la obra de teatro.
- c. Para ver los cuadros.
- d. Para ver un partido.

_____ 25. —¿Vas a visitar a tus tíos cuando vas a Barcelona?
—No, _____ vi hace dos meses.
- a. las
- b. la
- c. lo
- d. los

____ 26. —¿_____ en tus vacaciones?
    —Descansé y aprendí a montar a caballo.
    a.   Qué viste   c.   Qué hiciste
    b.   Regresaste   d.   Adónde fuiste

____ 27. Cuando vas de vacaciones, ¿qué haces primero?
    a.   Compras el boleto.   c.   Regresas.
    b.   Visitas lugares interesantes.   d.   Dulces.

____ 28. ¿Para qué vas al zoológico?
    a.   Para ver a mis tíos.   c.   Para montar a caballo.
    b.   Para ver a los osos.   d.   Para aprender a bucear.

____ 29. El año pasado mi familia y yo _____ a Puerto Rico de vacaciones.
    a.   fueron   c.   vamos
    b.   fuimos   d.   van

____ 30. Fuimos en tren. El tren _____ a las ocho y llegamos al parque de diversiones a las nueve y media. _____ a las cinco de la tarde.
    a.   regresó / regresamos   c.   viajó / buceamos
    b.   salió / regresamos   d.   aprendió / descansamos

____ 31. —¿Cómo lo pasaste en tus vacaciones?
    —_____. El hotel es muy viejo y no tiene restaurante. Los monumentos no abren los fines de semana. No hay autobuses y los recuerdos son muy caros.
    a.   Me gustó mucho   c.   Fantástico
    b.   Fue un desastre   d.   Muy impresionante

____ 32. —¿Dónde _____ tú?
    —Fui a un restaurante pequeño cerca del museo.
    a.   comí   c.   como
    b.   comimos   d.   comiste

____ 33. —¿Qué _____ visitaron?
    —Fuimos a Machu Picchu y luego a las líneas de Nazca.
    a.   parques de diversiones   c.   lugares
    b.   zoológicos   d.   museos

____ 34. Si quieres aprender a montar a caballo debes ir _____.
    a.   al mar   c.   al museo
    b.   al zoológico   d.   al campo

____ 35. —¿Qué _____ visitaron Uds.?
    —Chile y Argentina.
    a.   monumentos   c.   parques nacionales
    b.   países   d.   mares

Short Answer

36. ¿Cuáles son tres cosas que te gusta hacer durante tus vacaciones?

37. Si vas de vacaciones a una ciudad grande como la Ciudad de México, ¿cuáles son tres lugares que puedes visitar?

38. Si vas de vacaciones a España, ¿cómo vas a ir?

39. ¿Adónde fuiste de vacaciones el año pasado? ¿Cómo lo pasaste?

40. ¿A qué hora saliste de casa esta mañana?

Essay
On a separate sheet of paper, write an answer to the following questions.

41. Escribe sobre tus mejores vacaciones o tus vacaciones ideales. ¿Adónde fuiste? ¿Con quién o quiénes fuiste? ¿Qué viste? ¿Qué hiciste? ¿Cómo lo pasaste?

Capítulo 8A—De vacaciones
Answer Section

TRUE/FALSE

1.	ANS: T	OBJ:	To understand cultural perspectives on travel and vacations
2.	ANS: F	OBJ:	To understand cultural perspectives on travel and vacations
3.	ANS: T	OBJ:	To understand cultural perspectives on travel
4.	ANS: T	OBJ:	To describe places to visit while on vacation
5.	ANS: T	OBJ:	To describe places to visit while on vacation
6.	ANS: F	OBJ:	To talk about things to do on vacation
7.	ANS: T	OBJ:	To talk about things to do on vacation
8.	ANS: T	OBJ:	To talk about things to do on vacation
9.	ANS: T	OBJ:	To talk about things to do on vacation
10.	ANS: F	OBJ:	To talk about things to do on vacation

MULTIPLE CHOICE

11.	ANS: D	OBJ:	To describe places to visit while on vacation
12.	ANS: D	OBJ:	To talk about things to do on vacation
13.	ANS: D	OBJ:	To talk about things to do on vacation
14.	ANS: B	OBJ:	To learn to use the personal a
15.	ANS: C	OBJ:	To describe places to visit while on vacation
16.	ANS: C	OBJ:	To talk about things to do on vacation
17.	ANS: D	OBJ:	To talk about things to do on vacation
18.	ANS: A	OBJ:	To talk about things to do on vacation
19.	ANS: B	OBJ:	To talk about events in the past
20.	ANS: D	OBJ:	To talk about events in the past
21.	ANS: D	OBJ:	To talk about events in the past
22.	ANS: C	OBJ:	To talk about events in the past
23.	ANS: C	OBJ:	To talk about things to do on vacation
24.	ANS: C	OBJ:	To talk about things to do on vacation
25.	ANS: D	OBJ:	To talk about things to do on vacation
26.	ANS: C	OBJ:	To talk about things to do on vacation
27.	ANS: A	OBJ:	To talk about things to do on vacation
28.	ANS: B	OBJ:	To talk about things to do on vacation
29.	ANS: B	OBJ:	To talk about events in the past
30.	ANS: B	OBJ:	To talk about events in the past
31.	ANS: B	OBJ:	To talk about things to do on vacation
32.	ANS: D	OBJ:	To talk about events in the past
33.	ANS: C	OBJ:	To understand cultural perspectives on travel and vacations
34.	ANS: D	OBJ:	To talk about things to do on vacation
35.	ANS: B	OBJ:	To describe places to visit while on vacation

© Pearson Education, Inc.

SHORT ANSWER

36. ANS:
Answers will vary.

    OBJ: To talk about things to do on vacation

37. ANS:
Answers will vary.

    OBJ: To describe places to visit while on vacation

38. ANS:
En avión.

    OBJ: To talk about things to do on vacation

39. ANS:
Answers will vary.

    OBJ: To describe places to visit while on vacation

40. ANS:
Answers will vary.

    OBJ: To talk about events in the past

ESSAY

41. ANS:
Answers will vary.

    OBJ: To talk about things to do on vacation

Capítulo 8B—Ayudando en la comunidad

True/False
Indicate whether the sentence or statement is true or false.

_____ 1. En México artistas reciclan vidrio para hacer obras de arte.

_____ 2. El presidente Jimmy Carter y su esposa Rosalynn son miembros del grupo Hábitat para la Humanidad.

_____ 3. Podemos reciclar latas, cartón, barrios y periódicos.

_____ 4. Hospitales y escuelas primarias son lugares donde podemos hacer trabajo voluntario.

_____ 5. Para reciclar el vidrio y las latas es necesario separarlos.

_____ 6. En algunas comunidades la ciudad recoge las cosas para reciclar cada semana.

_____ 7. No podemos reciclar los libros.

_____ 8. Usamos vidrio para hacer botellas, vasos y ventanas.

_____ 9. Si separamos nuestra basura, hay muchas cosas que podemos usar otra vez.

_____ 10. Los voluntarios reciben dinero por su trabajo.

Multiple Choice
Identify the letter of the choice that best completes the statement or answers the question.

_____ 11. Mi mamá _____ que debemos reciclar.
    a. digo   c. dice
    b. decimos   d. dicen

_____ 12. Hoy nunca vemos la leche en _____ de vidrio.
    a. plástico   c. cartón
    b. latas   d. botellas

_____ 13. Es bueno separar las botellas de plástico, las latas y las cosas de vidrio para _____.
    a. reciclarlos   c. reciclarlas
    b. recogerlos   d. separarlas

_____ 14. —¿Dicen Uds. la verdad?
    —Sí, siempre la _____.
    a. dicen   c. dice
    b. decimos   d. digo

_____ 15. Hay que limpiar el río de basura. Vamos a recoger todas las botellas y las latas para _____ al centro de reciclaje.
- a. separarlas
- b. decidirlas
- c. recogerlas
- d. llevarlas

_____ 16. Para reciclar las cosas vamos _____.
- a. al barrio
- b. a la calle
- c. al centro de reciclaje
- d. al río

_____ 17. _____ mi ropa usada a la gente pobre.
- a. Le di
- b. Les di
- c. Me dio
- d. Me di

_____ 18. —¿A quién le _____ tus periódicos viejos?
—Los llevé al centro de reciclaje.
- a. dimos
- b. diste
- c. dio
- d. di

_____ 19. ¿Qué _____ el profesor que debemos hacer?
- a. dice
- b. decimos
- c. dices
- d. dicen

_____ 20. Los niños _____ que quieren más juguetes.
- a. digo
- b. dicen
- c. dice
- d. decimos

_____ 21. Mis padres _____ que mis hermanos tienen bastantes juguetes.
- a. dice
- b. decimos
- c. dicen
- d. dices

_____ 22. Yo _____ que es mejor reciclar
- a. dice
- b. dices
- c. dicen
- d. digo

_____ 23. No nos pagan. Somos _____.
- a. jardines
- b. voluntarios
- c. usados
- d. los demás

_____ 24. _____ di mis revistas viejas a los niños de la escuela primaria. Quieren cortar las fotos.
- a. Le
- b. Les
- c. Me
- d. Nos

_____ 25. Creo que es important traer mis propias _____ al supermercado.
- a. latas
- b. cartón
- c. periódicos
- d. bolsas

_____ 26. Unos ancianos son voluntarios en las escuelas primarias. Comparten sus _____ con los niños.
- a. latas
- b. experiencias
- c. juguetes
- d. hijos

_____ 27. —¿Qué _____ Ud. anoche?
—Fui al partido.

    a. hizo
    b. hice
    c. hicieron
    d. hicimos

_____ 28. Los artistas mexicanos _____ cosas muy bonitas de vidrio usado.

    a. hizo
    b. hicimos
    c. hicieron
    d. hiciste

_____ 29. Los voluntarios pueden ayudar con los _____ de la comunidad.

    a. experiencas
    b. problemas
    c. cajas
    d. periódicos

_____ 30. Mis padres _____ dan dinero cuando llevo los periódicos, las latas y el vidrio al centro de reciclaje.

    a. les
    b. me
    c. te
    d. le

_____ 31. ¿Qué *no* es necesario hacer para tener una comunidad limpia?

    a. limpiar los ríos
    b. tener una experiencia inolvidable
    c. reciclar las cosas usadas
    d. recoger la basura

_____ 32. ¿Qué _____ traigo a Uds.?

    a. nos
    b. le
    c. les
    d. me

_____ 33. ¿Qué les dieron a Uds. sus padres?
Nuestros padres _____ dieron dinero.

    a. nos
    b. les
    c. me
    d. te

_____ 34. En el _____ de verano los niños pueden nadar en el lago.

    a. escuela primaria
    b. campamento
    c. proyecto de construcción
    d. trabajo voluntario

_____ 35. El mes pasado fui al centro de reciclaje dos _____.

    a. a menudo
    b. demás
    c. vez
    d. veces

Short Answer

36. Escribe una lista de cuatro cosas que puedes reciclar.

37. ¿Qué puede hacer la gente de tu ciudad o barrio para vivir en un lugar más limpio?

38. ¿Qué puedes hacer para ayudar a los demás en tu comunidad?

39. ¿Qué le diste a tu madre o a tu padre en su cumpleaños?

40. ¿Qué regalos te dan tus padres en tu cumpleaños?

Essay
On a separate sheet of paper, write an answer to the following questions.

41   Escribe de un trabajo voluntario que hiciste o que piensas hacer. ¿Dónde trabajaste? ¿Con quién trabajaste? ¿Qué hicieron?

Capítulo 8B—Ayudando en la comunidad
Answer Section

TRUE/FALSE

1.	ANS:	T	OBJ:	To understand cultural perspectives on volunteer work
2.	ANS.	T	ODJ.	To understand cultural perspectives on volunteer work
3.	ANS:	F	OBJ:	To discuss ways to protect the environment
4.	ANS:	T	OBJ:	To discuss volunteer work
5.	ANS:	T	OBJ:	To discuss ways to protect the environment
6.	ANS:	T	OBJ:	To discuss ways to protect the environment
7.	ANS:	F	OBJ:	To discuss ways to protect the environment
8.	ANS:	T	OBJ:	To discuss ways to protect the environment
9.	ANS:	T	OBJ:	To discuss ways to protect the environment
10.	ANS:	F	OBJ:	To discuss volunteer work

MULTIPLE CHOICE

11.	ANS:	C	OBJ:	To talk about what people say
12.	ANS:	D	OBJ:	To discuss ways to protect the environment
13.	ANS:	C	OBJ:	To discuss ways to protect the environment
14.	ANS:	B	OBJ:	To tell what people say
15.	ANS:	D	OBJ:	To discuss ways to protect the environment
16.	ANS:	C	OBJ:	To discuss ways to protect the environment
17.	ANS:	A	OBJ:	To learn the preterite of dar
18.	ANS:	B	OBJ:	To learn the preterite of dar
19.	ANS:	A	OBJ:	To learn the present tense of decir
20.	ANS:	B	OBJ:	To learn the present tense of decir
21.	ANS:	C	OBJ:	To learn the present tense of decir
22.	ANS:	D	OBJ:	To learn the present tense of decir
23.	ANS:	B	OBJ:	To discuss volunteer work
24.	ANS:	B	OBJ:	To learn to use indirect object pronouns
25.	ANS:	D	OBJ:	To discuss ways to protect the environment
26.	ANS:	B	OBJ:	To discuss volunteer work
27.	ANS:	A	OBJ:	To learn the preterite of hacer
28.	ANS:	C	OBJ:	To learn the preterite of hacer
29.	ANS:	B	OBJ:	To discuss volunteer work
30.	ANS:	B	OBJ:	To learn to use indirect object pronouns
31.	ANS:	B	OBJ:	To discuss ways to protect the environment
32.	ANS:	C	OBJ:	To learn to use indirect object pronouns
33.	ANS:	A	OBJ:	To learn to use indirect object pronouns
34.	ANS:	B	OBJ:	To discuss volunteer work
35.	ANS:	D	OBJ:	To discuss ways to protect the environment

SHORT ANSWER

36. ANS:
Answers will vary but may include: *vidrio, plástico, latas, cajas, cartón, papel, periódicos y botellas.*

OBJ: To discuss ways to protect the environment

37. ANS:
Answers will vary.

OBJ: To discuss volunteer work and ways to protect the environment

38. ANS:
Answers will vary.

OBJ: To discuss volunteer work

39. ANS:
Answers will vary.

OBJ: To learn to use indirect object pronouns and preterite of dar

40. ANS:
Answers will vary but should include: *Me dan . . .*

OBJ: To learn to use indirect object pronouns

ESSAY

41. ANS:
Answers will vary.

OBJ: To discuss volunteer work

Capítulo 9A—El cine y la televisión

True/False
Indicate whether the sentence or statement is true or false.

_____ 1. The telenovelas in Venezuela, Mexico and Spain are produced in the same way as they are produced in the US.

_____ 2. The telenovelas produced in Spanish-speaking countries last for only a matter of months and are then replaced by new shows with different characters.

_____ 3. En la tele los programas que nos aburren son muy interesantes.

_____ 4. Una telenovela, generalmente, es muy emocionante.

_____ 5. Si juegas al fútbol generalmente te interesan los programas deportivos.

_____ 6. Las películas policíacas generalmente son más cómicas que las comedias.

_____ 7. Un programa de noticias y un programa educativo son muy serios.

_____ 8. La gente que vemos en los programas de concursos y los programas de la vida real generalmente no son actores.

_____ 9. Los dramas son más cómicos que las comedias.

_____ 10. Quizás el programa más realista de la tele es el programa de noticias.

Multiple Choice
Identify the letter of the choice that best completes the statement or answers the question.

_____ 11. Me gustan el béisbol y el fútbol. Por eso me quedo en casa para ver _____.
     a. el programa de concursos   c. los programas deportivos
     b. el programa de noticias   d. el programa de dibujos animados

_____ 12. Me gusta mucho tocar el piano. Por eso me fascinan _____.
     a. los programas de entrevistas   c. los partidos de fútbol
     b. los programas musicales   d. las telenovelas

_____ 13. Un día Cristina es profesora en una película. Otro día es médica en una telenovela. Ella es _____.
     a. actor   c. deportista
     b. dependienta   d. actriz

_____ 14. —¿Qué te duele?
—Me _____ el pie.

    a. duele

    b. duelen

    c. falta

    d. encanta

_____ 15. Anoche vi a un hombre feo con cuerpo verde. Vi _____.

    a. una película romántica

    b. una película de ciencia ficción

    c. una comedia

    d. un programa de entrevistas

_____ 16. A mis hermanos _____ las películas de horror.

    a. le fascina

    b. les fascina

    c. les fascinan

    d. nos fascina

_____ 17. Tengo sueño. _____ esta telenovela.

    a. Me aburren

    b. Le aburre

    c. Me fascinan

    d. Me aburre

_____ 18. _____ los programas de entrevistas. Los veo todos los días.

    a. Me aburre

    b. Me fascina

    c. Me encantan

    d. Me encanta

_____ 19. Me _____ mucha tarea todavía. No puedo ver mi programa favorito.

    a. falta

    b. queda

    c. faltan

    d. aburre

_____ 20. Este programa de la vida real es muy tonto. Me _____.

    a. gusta mucho

    b. interesa mucho

    c. fascina

    d. aburre

_____ 21. ¿A qué hora _____ el programa de dibujos animados?

    a. dan

    b. dura

    c. aburre

    d. duele

_____ 22. ¿Cuál es generalmente un programa infantil?

    a. un programa de dibujos animados

    b. un programa de entrevistas

    c. un programa de la vida real

    d. un programa de noticias

_____ 23. ¿Cuál es generalmente más emocionante?

    a. un programa musical

    b. una telenovela

    c. una película policíaca

    d. una comedia

_____ 24. Una comedia es generalmente más _____ que una película de ciencia ficción.

    a. realista

    b. cómica

    c. violenta

    d. emocionante

_____ 25. ¿En qué clase de película generalmente tenemos miedo?

    a. una película de horror

    b. una película romántica

    c. una comedia

    d. un drama

_____ 26. ¿En qué clase de programa aprendemos algo?
    a. un programa de la vida real   c. un programa de concursos
    b. un programa educativo   d. un programa de dibujos animados

_____ 27. En _____ no hay actores. Hay gente como nosotros.
    a. una telenovela   c. un programa deportivo
    b. un programa de dibujos animados   d. un programa de la vida real

_____ 28. Tenemos que estar en el cine a las ocho porque la película _____ a las ocho y diez.
    a. termina   c. fascina
    b. empieza   d. falta

_____ 29. Generalmente las películas _____ una hora y media.
    a. dura   c. terminan
    b. duran   d. empiezan

_____ 30. _____ ver una comedia. Estoy muy contenta.
    a. Acabo de   c. Interesa
    b. Termino   d. Duele

_____ 31. Acabamos de ver una película de horror. _____.
    a. Tenemos sed   c. Tenemos hambre
    b. Tenemos un televisor   d. Tenemos miedo

_____ 32. A mi amigo _____ fascinan las películas románticas.
    a. les   c. me
    b. le   d. nos

_____ 33. ¿Qué clase de película _____ de ver tú?
    a. acaban   c. acaba
    b. antes   d. acabas

_____ 34. Si un programa _____ lo veo todos los días.
    a. me aburre   c. no me interesa
    b. me fascina   d. no me gusta

_____ 35. Voy a estar en el programa de concursos porque _____.
    a. es muy tonto   c. me aburre
    b. necesito dinero   d. me duele la cabeza

Short Answer

36. ¿Cuáles son cuatro clases de programas que dan en la tele?

37. ¿Cuáles te interesan más, los programas de la vida real o los programas educativos?

38. ¿Qué clase de película te fascina? ¿Cuál te aburre más?

39. ¿Qué acabas de hacer?

40. ¿Qué les aburre más a los estudiantes?

Essay
On a separate sheet of paper, write an answer to the following questions.

41. Tú eres el (la) crítico(a). Escribe sobre una película que acabas de ver. ¿Qué clase de película es? ¿Cuánto tiempo dura? ¿Quiénes son los actores principales? ¿Cómo es? ¿Te gustó o no?

Capítulo 9A—El cine y la televisión
Answer Section

TRUE/FALSE

1.	ANS:	F	OBJ:	To describe television programs
2.	ANS:	T	OBJ:	To describe television programs
3.	ANS:	F	OBJ:	To describe movies and television programs
4.	ANS:	T	OBJ:	To describe television programs
5.	ANS:	T	OBJ:	To describe television programs
6.	ANS:	F	OBJ:	To describe movies and television programs
7.	ANS:	T	OBJ:	To describe television programs
8.	ANS:	T	OBJ:	To describe television programs
9.	ANS:	F	OBJ:	To describe movies and television programs
10.	ANS:	T	OBJ:	To describe movies and television programs

MULTIPLE CHOICE

11.	ANS:	C	OBJ:	To describe movies and television programs
12.	ANS:	B	OBJ:	To describe movies and television programs
13.	ANS:	D	OBJ:	To describe movies and television programs
14.	ANS:	A	OBJ:	To learn to use gustar and similar verbs
15.	ANS:	B	OBJ:	To describe movies
16.	ANS:	C	OBJ:	To learn to use gustar and similar verbs
17.	ANS:	D	OBJ:	To learn to use gustar and similar verbs
18.	ANS:	C	OBJ:	To learn to use gustar and similar verbs
19.	ANS:	B	OBJ:	To learn to use gustar and similar verbs
20.	ANS:	D	OBJ:	To describe movies and television programs
21.	ANS:	A	OBJ:	To describe television programs
22.	ANS:	A	OBJ:	To describe movies and television programs
23.	ANS:	B	OBJ:	To describe movies and television programs
24.	ANS:	B	OBJ:	To describe movies and television programs
25.	ANS:	A	OBJ:	To describe movies
26.	ANS:	B	OBJ:	To describe television programs
27.	ANS:	D	OBJ:	To describe television programs
28.	ANS:	B	OBJ:	To describe movies
29.	ANS:	B	OBJ:	To describe movies
30.	ANS:	A	OBJ:	To talk about things you have done recently
31.	ANS:	D	OBJ:	To talk about things you have done recently
32.	ANS:	B	OBJ:	To learn to use gustar and similar verbs
33.	ANS:	D	OBJ:	To tell what you have done recently
34.	ANS:	B	OBJ:	To learn to use gustar and similar verbs
35.	ANS:	B	OBJ:	To describe television programs

SHORT ANSWER

36. ANS:
Answers will vary.

OBJ: To describe movies and television programs

37. ANS:
Answers will vary.

OBJ: To describe movies and television programs

38. ANS:
Answers will vary.

OBJ: To describe movies

39. ANS:
Answers will vary.

OBJ: To talk about things you have done recently

40. ANS:
Answers will vary.

OBJ: To learn to use gustar and similar verbs

ESSAY

41. ANS:
Answers will vary.

OBJ: To describe a movie

Capítulo 9B—La tecnología

True/False
Indicate whether the sentence or statement is true or false.

_____ 1. In 1713 when the Real Academia de la Lengua was founded, its original purpose was to preserve the quality, purity and elegance of the Spanish language, but because of the Internet it has given up that objective.

_____ 2. Un cybercafé es un lugar donde la gente puede ir para usar computadoras.

_____ 3. Una diapositiva es una foto que podemos proyectar durante una presentación.

_____ 4. Un sitio Web es un lugar en la Red que da información sobre una organización o una persona.

_____ 5. Para escribir una carta necesitamos papel y un bolígrafo o una computadora.

_____ 6. Podemos llevar una computadora portátil a clase.

_____ 7. Para escribirle a un(a) amigo(a) por correo electrónico necesitas su sitio Web.

_____ 8. Para enviar una tarjeta o una carta a un amigo(a) necesitas saber su dirección electrónica.

_____ 9. No puedes crear una página Web sin una computadora.

_____ 10. La dirección electrónica es el lugar donde vive una persona.

Multiple Choice
Identify the letter of the choice that best completes the statement or answers the question.

_____ 11. Si quieres escribirle a un(a) amigo(a) por correo electrónico necesitas _____.
    a. su página Web   c. una cámara digital
    b. grabar un disco compacto   d. su dirección electrónica

_____ 12. Para sacar fotos y enviarlas por correo electrónico necesitas una _____.
    a. composición   c. cámara digital
    b. página Web   d. cámara

_____ 13. ¿Para cuál de estas cosas necesitas usar papel?
    a. escribir una carta   c. estar en línea
    b. grabar un disco compacto   d. escribir por correo electrónico

_____ 14. Voy a enviarle _____ a mi tía. Es su cumpleaños.
    a. un informe   c. una tarjeta
    b. unos gráficos   d. una página Web

_____ 15. ¿_____ tú grabar un disco compacto?
     a.   Conoces   c.   Conozco
     b.   Sabes   d.   Sé

_____ 16. Voy a visitar España este verano. ¿La _____ tú?
     a.   buscas   c.   conoces
     b.   bajas   d.   sabes

_____ 17. —¿Vas a estudiar un curso para aprender a usar el correo electrónico?
     —Ya _____ usarlo.
     a.   sé   c.   conoces
     b.   sabe   d.   conozco

_____ 18. ¿_____ Ud. la dirección electrónica de Sara?
     a.   Sabes   c.   Conoce
     b.   Sabe   d.   Conoces

_____ 19. Hay una estudiante nueva en mi clase de matemáticas.
     Sí. Yo la _____.
     a.   sé   c.   sabe
     b.   conozco   d.   conoce

_____ 20. Enrique tiene miedo de hablar con esa chica cara a cara. La _____ sólo por su correo electrónico.
     a.   conozco   c.   sé
     b.   conoce   d.   sabe

_____ 21. Cuando vas a un restaurante mexicano, ¿qué _____?
     a.   pido   c.   pides
     b.   pedimos   d.   pide

_____ 22. Ese restaurante no _____ comida española.
     a.   sirve   c.   servimos
     b.   sirven   d.   sirvo

_____ 23. —¿Para qué _____ las computadoras?
     —Para muchas cosas. Podemos buscar sitios Web y enviar correo electrónico.
     a.   sirvo   c.   sirves
     b.   sirven   d.   sirve

_____ 24. Cuando tienes una fiesta en tu casa, ¿qué clase de comida _____?
     a.   sirven   c.   sirves
     b.   sirve   d.   sirvo

_____ 25. Adela y yo _____ pescado pero no lo _____ en este restaurante.
     a.   pides / sirves   c.   pedimos / sirven
     b.   piden / sirvo   d.   pido / sirvo

_____ 26. Cuando estamos en un restaurante muy bueno mi hermanito siempre _____ una hamburguesa.
     a.   pido   c.   piden
     b.   pides   d.   pide

_____ 27. Creo que voy a _____ una ensalada y sopa de verduras.
    a. pido   c. pedir
    b. pides   d. pedimos

_____ 28. Cuando vamos a la casa de Pepe su madre siempre nos _____ pizza.
    a. sirve   c. sirvo
    b. servimos   d. sirven

_____ 29. —¿_____ una cámara digital?
    —Para sacar fotos y enviarlas por correo electrónico.
    a. Por qué bajas   c. Para qué sirve
    b. Para qué creas   d. Para qué sirven

_____ 30. —¿_____ mi nueva página Web?
    —Me gusta mucho, especialmente los gráficos.
    a. Para qué sirve   c. Bajas
    b. Qué te parece   d. Creas

_____ 31. Voy a navegar en la Red.
    a. Me gusta mucho pescar.   c. Me gusta estar en línea.
    b. Me encanta el pescado.   d. Me gusta comunicarme cara a cara.

_____ 32. Tengo que escribir _____ para la clase de ciencias sociales.
    a. una información   c. una diapositiva
    b. un informe   d. un sitio Web

_____ 33. ¿Cuál generalmente cantas?
    a. una canción   c. una carta
    b. un curso   d. un informe

_____ 34. En una escuela, ¿adónde van los estudiantes para usar una computadora?
    a. Al laboratorio   c. A la dirección electrónica
    b. A la página Web   d. A los salones de chat

_____ 35. ¿Cuál generalmente *no* usamos para comunicarnos con nuestros amigos?
    a. el correo electrónico   c. cartas
    b. salones de chat   d. cursos

Short Answer

36. ¿Con quiénes te comunicas en la Red?

37. ¿Qué pides en un restautante mexicano?

38. Fill in the correct form of *conocer* or *saber*.
    Yo _____ a una chica que _____ crear páginas Web.

39. Cuando algo te parece demasiado complicado en la computadora, ¿qué haces?

40. ¿Cuáles son palabras de "cyberspanglish": espam, cámara, gráficos, programar, surfear?

Essay
On a separate sheet of paper, write an answer to the following questions.

41. ¿Para qué sirve una computadora?

Capítulo 9B—La tecnología
Answer Section

TRUE/FALSE

1.	ANS:	F	OBJ:	To understand cultural perspectives on using technology
2.	ANS:	T	OBJ:	To understand cultural perspectives on using technology
3.	ANS:	T	OBJ:	To talk about computers and the Internet
4.	ANS:	T	OBJ:	To talk about computers and the Internet
5.	ANS:	T	OBJ:	To talk about computers and the Internet
6.	ANS:	T	OBJ:	To talk about computers and the Internet
7.	ANS:	F	OBJ:	To talk about computers and the Internet
8.	ANS:	F	OBJ:	To talk about computers and the Internet
9.	ANS:	T	OBJ:	To talk about computers and the Internet
10.	ANS:	F	OBJ:	To talk about computers and the Internet

MULTIPLE CHOICE

11.	ANS:	D	OBJ:	To talk about computers and the Internet
12.	ANS:	C	OBJ:	To talk about computers and the Internet
13.	ANS:	A	OBJ:	To talk about computers and the Internet
14.	ANS:	C	OBJ:	To talk about computers and the Internet
15.	ANS:	B	OBJ:	To talk about knowing people or knowing how to do things
16.	ANS:	C	OBJ:	To talk about knowing people or knowing how to do things
17.	ANS:	A	OBJ:	To talk about knowing people or knowing how to do things
18.	ANS:	B	OBJ:	To talk about knowing people or knowing how to do things
19.	ANS:	B	OBJ:	To talk about knowing people or knowing how to do things
20.	ANS:	B	OBJ:	To talk about knowing people or knowing how to do things
21.	ANS:	C	OBJ:	To learn e > i stem-changing verbs: Pedir
22.	ANS:	A	OBJ:	To learn e > i stem-changing verbs: Servir
23.	ANS:	B	OBJ:	To learn e > i stem-changing verbs: Servir
24.	ANS:	C	OBJ:	To use e > i stem-changing verbs: Servir
25.	ANS:	C	OBJ:	To use e > i stem-changing verbs: Pedir and servir
26.	ANS:	D	OBJ:	To use e > i stem-changing verbs: Pedir
27.	ANS:	C	OBJ:	To use e > i stem-changing verbs: Pedir
28.	ANS:	A	OBJ:	To use e > i stem-changing verbs: Servir
29.	ANS:	C	OBJ:	To talk about computers and the Internet
30.	ANS:	B	OBJ:	To talk about computers and the Internet
31.	ANS:	C	OBJ:	To talk about computers and the Internet
32.	ANS:	B	OBJ:	To talk about computers and the Internet
33.	ANS:	A	OBJ:	To talk about computers and the Internet
34.	ANS:	A	OBJ:	To talk about computers and the Internet
35.	ANS:	D	OBJ:	To talk about computers and the Internet

SHORT ANSWER

36. ANS:
    Answers will vary.

    OBJ: To talk about computers and the Internet

37. ANS:
    Answers will vary.

    OBJ: To learn to ask for something

38. ANS:
    conozco, sabe

    OBJ: To talk about knowing people or knowing how to do things

39. ANS:
    Answers will vary.

    OBJ: To talk about computers and the Internet

40. ANS:
    espam, programar, surfear

    OBJ: To talk about computers and the Internet

ESSAY

41. ANS:
    Answers will vary.

    OBJ: To talk about computers and the Internet